org.
luiz guilherme ribeiro barbosa
renato rezende
sergio cohn

POESIA NEO CONCRETA

cadernos de poesia 2 — julho de 2021

os cadernos de poesia têm como objetivo a reunião de documentos, manifestos, poemas e ensaios sobre importantes movimentos, expressões e tendências da poesia, e são editados em uma parceria entre azougue editorial, revistas de cultura e oca editorial.

edição e projeto gráfico
sergio cohn

revistas de cultura
ana paula simonaci e sergio cohn

organizadores desta edição
luiz guilherme ribeiro barbosa, renato rezende e sergio cohn

agradecemos ao cpdoc do jornal do brasil pela autorização de reprodução dos textos e imagens publicados no suplemento dominical do jornal do brasil (sdjb)

ISBN 978-65-89915-03-4

www.revistasdecultura.com
brasil — portugal, 2021

apresentação
a poesia neoconcreta
luiz guilherme ribeiro barbosa —
renato rezende — sergio cohn
9

poesia concreta: experiência intuitiva
ferreira gullar — reynaldo jardim — oliveira bastos
59

um ano de poesia concreta:
prefácio para o segundo ano
reynaldo jardim — ferreira gullar
65

poesia concreta: palavra viva
ferreira gullar
69

flor não é a palavra flor
um buquê não é um poema
reynaldo jardim
75

ballet concreto: arte nova
ferreira gullar
83

ballet concreto
reynaldo jardim
87

manifesto neoconcreto
amílcar de castro — ferreira gullar — franz weissmann —
lygia clark — lygia pape — reynaldo jardim — theon spanudis
91

poesia neoconcreta
theon spanudis
99

ballet neoconcreto
lygia pape
103

teatro-poema — sentido de todo
lygia pape
107

o livro-poema
ferreira gullar
113

o espaço na poesia concreta
theon spanudis
115

o poema transsintático
theon spanudis
121

som: sintaxe e significação
carlos fernando fortes de almeida
127

uma experiência fascinante
josé carlos oliveira
133

onde está o poema
reynaldo jardim
141

volta à fala
ferreira gullar
143

teoria do não-objeto
ferreira gullar
147

não-objeto: poesia
ferreira gullar
157

diálogo sobre o não-objeto
ferreira gullar
165

a nova poesia
theon spanudis
175

poesia: uma nova experiência
roberto pontual
187

livro: poemas — xilogravuras
lygia pape
199

*sobre a verdadeira finalidade
do neoconcretismo*
josé guilherme merquior
203

a criação do livro da criação
josé guilherme merquior
211

não-objeto: onde fala o infinito
reynaldo jardim
223

palavra, humor, invenção
ferreira gullar
225

o humor formal de Reynaldo Jardim
josé guilherme merquior
231

o não-objeto verbal como síntese
roberto pontual
239

teatro integral
reynaldo jardim
253

os novos projetos de Hélio Oiticica
mário pedrosa
259

a maqueta de jardim de oiticica
hélio oiticica
263

o projeto cães de caça
hélio oiticica
267

poema enterrado
ferreira gullar
275

diversidade de experiências
roberto pontual
279

bibliografia básica
287

sobre os neoconcretos
291

A POESIA NEOCONCRETA

Luiz Guilherme Ribeiro Barbosa
Renato Rezende
Sergio Cohn

A EXPERIÊNCIA SDJB

O pequeno intervalo de tempo entre 1956 e 1961 foi um dos mais criativos em experiências e invenções culturais que o Brasil já presenciou, talvez só comparável aos anos heroicos do modernismo, entre 1922 e 1930. Durante aquele período de pouco mais de cinco anos, o país viu florescer iniciativas como a Bossa Nova e a construção de Brasília, o Cinema Novo, o *Grande Sertão: Veredas* de Guimarães Rosa e algumas das principais vanguardas tardias em literatura e artes visuais, como o concretismo e neoconcretismo.

Em todos esses casos, a produção artística vinha acompanhada de uma profunda reflexão sobre a arte e o seu papel na sociedade contemporânea, e por uma atualização do conhecimento da história da cultura brasileira e internacional. Não é de se espantar, portanto, que surgissem naquele momento importantes revistas e suplementos culturais, que serviram de base de divulgação e debate crítico e propositivo. Mais importante ainda, que fossem publicações com forte caráter de manifesto e com interesses por diferentes áreas da cultura, não se restringindo a um público de especialistas. Aqueles foram anos que estimularam o diálogo profícuo e a contaminação entre as linguagens artísticas. No começo da década de 1950, já havia aparecido revistas como *Habitat*, editada por Lina Bo Bardi e Pietro Maria Bardi, como uma publicação do Museu de Arte Moderna de São Paulo, e *Noigandres*, do grupo de poetas paulistas que constituiria a Poesia Concreta. Tudo isso acompanhado de grandes eventos, que colocaram o Brasil em contato com o que de mais vibrante estava ocorrendo nas artes internacionais, como a Bienal de São Paulo, criada em 1951, já com a participação de artistas de 25 países diferentes na sua primeira edição.

É nesse ambiente que surgem, na segunda metade da década de 1950, possivelmente os dois principais suplementos culturais que já foram publicados em nossos jornais. Em São Paulo, críticos saídos da seminal revista *Clima* foram chamados para conceber e editar o *Suplemento Literário do Estado de S. Paulo*. Antonio Candido, um dos mais importantes críticos literários do país, criou o projeto editorial do suplemento, e Décio de Almeida Prado, grande pensador de teatro, ficou com o cargo de editor. O *Suplemento Literário* manteve o espírito da *Clima*, constituindo um veículo basicamente voltado para a reflexão crítica. É, de certa forma, o oposto ao espírito do *Suplemento Dominical do Jornal do Brasil*, que surge no Rio de Janeiro naquele mesmo ano de 1956, trazendo Reynaldo Jardim como editor.

O *SDJB* logo se mostraria prioritariamente um espaço de intervenção cultural, assumindo posições vanguardistas não apenas no conteúdo como também na forma, na diagramação inovadora criada por Amilcar de Castro, que se consolidaria nos anos seguintes. Se o projeto gráfico do *Suplemento Literário do Estado de S. Paulo* era, como diz o seu criador,

Ítalo Bianchi, "uma diagramação inovadora e austera", já trazendo ilustrações autônomas de grandes artistas, mas mantendo o padrão de colunas e espaços gráficos de um jornal, Amilcar criou para o *SDJB* uma verdadeira ruptura na paginação de um jornal, sendo considerado um dos mais importantes trabalhos de design gráfico já realizados no país.

Ao lado do seu design inovador, o *SDJB* se tornou referência por ter sido o principal veículo carioca de divulgação da vanguarda concreta, publicando manifestos, ensaios e poemas de alguns dos seus expoentes, e depois dos integrantes do grupo neoconcreto. Este contou em suas páginas, a partir de 1959, com a divulgação dos seus textos mais importantes, como o "Manifesto Neoconcreto" e a "Teoria do Não-objeto".

Mas o *SDJB* não se restringiu a ser um espaço de debate propositivo e divulgação das experimentações culturais do seu tempo. A página de artes, escrita por Ferreira Gullar, e a página "Poesia Experiência", de Mário Faustino, foram fundamentais para uma leitura crítica e divulgação dos principais movimentos das vanguardas históricas. É o caso, por exemplo, da apresentação pioneira dos poetas dadaístas e surrealistas, com ensaios introdutórios e tradução primorosa de Mário Faustino e Ruy Costa Duarte. "Poesia Experiência" possibilitou ao leitor a revisão histórica da poesia brasileira, de forma sistemática, de José de Anchieta até o arcadismo (o projeto original era seguir até o modernismo, mas foi interrompido) e também uma apresentação das vanguardas literárias internacionais. Um esforço de delineamento histórico paralelo ao realizado por Ferreira Gullar na sua página de artes visuais, tratando a cada semana de diferentes movimentos artísticos internacionais. As duas páginas traziam textos de introdução e análises de impressionante consistência para autores então bastante jovens.

Para além das artes visuais e da poesia, o suplemento trazia colaboradores de grande qualidade em outras áreas da cultura, alguns ainda em início de carreira, como é o caso de Glauber Rocha no cinema e Bárbara Heliodora no teatro. As matérias passam pelos diferentes eventos culturais daquele momento tão rico da cultura brasileira, trazendo informações de primeira hora sobre obras como os primeiros filmes de Nelson Pereira dos Santos, que seriam uma das bases do Cinema Novo, e as propostas teatrais de Augusto Boal. O *Suplemento* também estava atento e trouxe matérias sobre importantes acontecimentos culturais, algumas vezes de outras regiões do país, como o Gráfico Amador, coletivo de livros artesanais de Recife formado por importantes nomes como Aloísio Magalhães e Gastão de Hollanda, e outras do Rio de Janeiro, como é o caso da revista *Senhor*, a revolucionária revista mensal que trazia o trabalho gráfico de Carlos Scliar e Glauco Rodrigues. Em paralelo, *SDJB* publicou traduções de grandes pensadores e críticos de arte da época, alguns ainda pouco conhecidos, como é o caso de um texto sobre Kafka de Maurice Blanchot, a publicação de ensaios sobre cibernética e outros temas, num exercício de atualização do nosso pensamento. Entre 1956 e 1961, o *SDJB* publicou cerca de duas mil páginas, com conteúdos de diversas naturezas: ensaios, traduções, resenhas, manifestos, ilustrações, reproduções.

E a repercussão foi imensa: em pouco mais de dois anos, o *Suplemento Dominical* transformou um jornal de serviços em um dos mais importantes veículos de informação e pensamento do Brasil. Em 1956, o *Jornal do Brasil* era formado quase que exclusivamente de classificados e anúncios, com apenas algumas matérias intercalando as páginas, todas elas reproduzidas da Agência Nacional. Foi então que surgiu uma proposta de suplemento cultural, a ser elaborado por uma redação própria, tendo como editor o jornalista e poeta Reynaldo Jardim, então com 30 anos. Reynaldo assim lembra como surgiu o projeto:

> *Eu entrei no Jornal do Brasil em 1953. Fazia um programa de rádio quando entrei, chamado Suplemento Dominical do Jornal do Brasil. Era sobre crítica literária e poesia. A Condessa Pereira Carneiro, dona do jornal e uma pessoa muito sensível, ouvia o programa e me convidou para fazer uma coluna aos domingos no Jornal do Brasil, sobre literatura. Coloquei o nome de Literatura Contemporânea. Eram notas e pequenas entrevistas. Em um mês, tomei conta da página. E em uns três meses, tomei conta do caderno. Então, o caderno passou a se chamar também Suplemento Dominical do Jornal do Brasil.*

A primeira edição do *Suplemento Dominical* é lançada em 3 de junho de 1956. Segundo o próprio Jardim, "Não saiu nenhum primor. A oficina do *JB* era muito precária e o interesse era a conquista e a manutenção do espaço, dando início a um processo de aperfeiçoamento gradativo." Se no primeiro momento a preocupação de Reynaldo era conquistar um caderno no jornal para a cultura, assim que consolidou o espaço saiu em busca de colaboradores. Aos poucos, foi fechando um elenco de autores de primeira qualidade, alguns mais experientes, como o crítico de artes visuais Mário Pedrosa, e outros ainda jovens, como Mário Faustino, José Carlos Oliveira, Bárbara Heliodora, Jânio de Freitas e Ferreira Gullar.

O *Suplemento* começou a ter algumas páginas fixas, como a de artes visuais, editada por Ferreira Gullar e Oliveira Bastos, e a de poesia, editada por Mário Faustino. Ferreira Gullar, em conversa com Miguel de Almeida, relembrou como foi convidado pelo *Suplemento*:

> *Quando o Reynaldo criou o Suplemento, ele trouxe o Oliveira Bastos, que era meu amigo e me chamou. Reynaldo convidou algumas pessoas pra ficarem como colaboradores permanentes e eu fiquei fazendo a parte de artes plásticas. Chamou o Mário Faustino pra fazer a parte de poesia. Isso ainda em 1956. E nessa altura começa o negócio da poesia concreta. Os concretistas se relacionavam com o Reynaldo e comigo, e propuseram que o Suplemento se transformasse no veículo do movimento da nova poesia. O Reynaldo é poeta também, e também participou do movimento da poesia concreta, fez uma série de poemas concretos. O Suplemento se tornou o veículo do movimento.*

A aproximação com os poetas concretos foi fundamental no tom vanguardista que o *Suplemento* adotaria nas edições seguintes. A partir de agosto de 1956, o *SDJB* começa a publicar grandes ensaios sobre a poesia contemporânea, algumas vezes no curioso formato de "livro de ensaio", com diagramação imitando a paginação de um livro. Os ensaios, alguns mais analíticos e outros manifestos, de autores como Oliveira Bastos, Haroldo de Campos e Augusto de Campos, entre outros, vão constituindo uma base teórica para o movimento concreto. Em 23 de fevereiro de 1958, o *SDJB* publica uma edição comemorativa de um ano da poesia concreta, com textos e poemas dos seus principais expoentes.

Mas o suplemento não se restringia a tratar de arte e poesia concreta. As colaborações eram diversas e cada vez mais qualificadas. Nomes já consagrados, como Clarice Lispector, Antônio Houaiss e Millôr Fernandes, e jovens como Benedito Nunes, José Guilherme Merquior e Sérgio Paulo Rouanet, passaram por suas páginas. Embora a renovação gráfica ainda estivesse no início, em 1958 as páginas já conquistavam um desenho mais leve, com espaços em brancos e colunas variáveis. E o *SDJB* era considerado um dos mais importantes cadernos de cultura em atividade no Brasil. No aniversário de um ano do suplemento, Manuel Bandeira declara:

> *O Suplemento Dominical veio revelar a capacidade jornalística do jovem poeta Reynaldo Jardim, criando no gênero uma autêntica novidade, do ponto de vista de sua aparência gráfica. É atualmente o suplemento mais atraente, mais original, mais vivo da imprensa. Sente-se nele o calor, a força, o entusiasmo, o idealismo da mocidade. Não só o leio, com o coleciono.*

O *Suplemento Dominical* já havia demonstrado ser uma iniciativa vencedora para a Condessa Pereira Carneiro, dona do *Jornal do Brasil*. Com o *Suplemento*, ela conquistou retorno financeiro e também prestígio frente à sociedade. E rapidamente percebeu que se estendesse a reforma para todo o jornal, o ganho seria ainda maior. Desta forma, em 1958 começou um trabalho de reforma gráfica do *Jornal do Brasil*, que contava então com Odylo Costa Filho como seu editor geral. Segundo Gullar,

A redação do *Jornal do Brasil* contava então com três nomes vindos da Revista *Manchete*: Gullar, Jânio de Freitas e o artista visual Amilcar de Castro. A revista *Manchete* havia acabado de passar por uma renovação gráfica, inspirada na revista *Paris Match*. O resultado foi uma paginação mais limpa, valorizando os espaços em branco, o que também ocorreria no *Jornal do Brasil*. Nas duas vezes, Jânio de Freitas teve papel central de capitanear as mudanças, como lembra Gullar:

Em entrevista para Márcio Sampaio, em 2001, Amilcar de Castro conta como fez a reforma gráfica do *Jornal do Brasil*:

*A impressão do Jornal do Brasil era péssima. En-
tão, uma das providências que eu tomei foi tirar
tudo que é negativo e fio. Tudo que não era essencial à leitura, tirava para clarear um pouco o
jornal, para dar mais força à matéria escrita. Eu
vinha do trabalho na revista Manchete, que era
paginada na horizontal, de duas em duas páginas. No jornal teria de ser diferente: passei a considerá-lo como um espaço vertical. A página do
jornal é mais alta do que larga. Precisei de um
certo tempo para me adaptar a essa virada do
espaço. Então comecei a pensar como solucionar
as marcas permanentes, como o nome do jornal; também manchetes em oito colunas, títulos,
fotos, que eram estampados no topo do jornal,
muito pesado com relação à parte inferior que
não tinha nada. Propus colocar a manchete em
cima. Os títulos e as chamadas seriam abaixa-
dos para compensar o peso de cima. Comecei a
modelar a página do jornal aplicando os princípios da escultura, dando peso igual à parte de
cima e de baixo. O JB tinha, como tem hoje, oito
colunas. Fiz uma base de paginação propondo o
esquema 1-2-1-3-1. O três era sempre ocupado
por uma foto, uma na parte superior, outra na
parte inferior, e uma cortando no meio. Jogava,
então, para baixo, chamadas de três colunas e três
linhas. Assim, distribuía o peso da página, valorizando cada uma das partes com a mesma força.*

Como resultado, o *Jornal do Brasil* se tornou cada vez
uma referência de qualidade e invenção, resultando no au-

mento de venda e de status na sociedade. O *Suplemento* virou uma referência de modernidade. Como lembra Amilcar:

> *O sujeito começou a esperar o jornal como uma novidade. Então isso deu ao JB uma grande força. O que repercutiu não só no pessoal da redação, do jornal mesmo, mas da oficina inclusive, que começou a aderir ao jornal novo. Até o chefe da oficina mandou um pintor que era gráfico pintar uma página de dois metros na parede.*

Mas nem tudo eram flores. O embate entre os editores do *SDJB* e Odylo Costa Filho, editor geral do *Jornal do Brasil*, se intensifica com o tempo. O uso de branco nas páginas do *SDJB* é considerado um desperdício por parte da administração do jornal. A partir de meados de 1959, o *SDJB* começa a circular no sábado. Reynaldo Jardim explica:

> *O Suplemento enfrentou uma crise. A crise do papel. Domingo, a tiragem do jornal é maior — lógico, consome mais matéria-prima. A ordem da direção é passar o dominical para sábado.*

Em consequência, algum tempo depois a logo do *Suplemento Dominical* é alterada, ficando apenas as iniciais *SDJB*:

> *Resolvi então mudar a logomarca. Aquele dominical para um veículo que passou a circular no sábado era irritante. Transformei o nome numa sigla: SDJB. Aliás, era assim que nosso suplemento já vinha sendo chamado.*

A reforma gráfica e a postura propositiva do jornal encontra seu ápice em 21 de março de 1959, quando uma edição especial do *SDJB* apresenta a "Experiência Neoconcreta". São oito páginas de manifestos, ensaios e reproduções de obras, diagramadas com uma liberdade inédita na imprensa brasileira. Como lembra Gullar,

> *Em 1959, quando fomos lançar o Movimento Neoconcreto, teve um número dedicado no Suplemento. Reynaldo chamou Amilcar, que fazia parte do Movimento Neoconcreto e era escultor, para fazer esse número. Reynaldo também participava do movimento. Então o Amilcar fez aquela capa, que hoje é famosa, 'Experiência Neoconcreta'. Aquele negócio. E paginou também dentro, com aquelas colunas compridas. O Amilcar fez esse número. E a partir dali o Reynaldo passou a fazer a página do Suplemento Dominical dentro daquele esquema. E o Reynaldo é muito talentoso, inclusive começou a inovar aquilo, começou a fazer coisas mais audaciosas do que o próprio Amilcar tinha feito. Começou a fazer as coisas mais loucas, de espaços em branco, colunas cortadas e tal. O ponto de partida é o Amilcar, mas o Reynaldo começou a usar a paginação, criando as opções dele.*

Nos dois anos seguintes, o *SDJB* viveria seu auge. O debate em torno do neoconcretismo é realizado de forma permanente em suas páginas, com a presença constante de nomes como Hélio Oiticica, Lygia Pape e Lygia Clark. A paginação se torna cada vez mais livre e original, acompanhando o clima de invenção que permeava o ambiente cultural da época. Textos seminais, como a "Teoria do Não-objeto", de Ferreira Gullar, e "Uma Situação Colonial?", do crítico de cinema Paulo Emílio Salles Gomes, são publicados. Até que em 29 de maio de 1960 sai a última edição do *SDJB* em formato grande. No número seguinte, o *Suplemento* passa a ser publicado em formato tabloide, trazendo uma brilhante entrevista com Hélio Oiticica. Um mês depois, o *SDJB* foi extinto.

De qualquer forma, a marca do *SDJB* na cultura brasileira é inegável. Não apenas pela inovação gráfica, mas por ter sido o palco privilegiado de um dos momentos de mais intensa experiência e invenção que o Brasil já viveu. Que o olhar revisitado sobre as suas páginas instigue novos e futuros veículos de invenção. A cultura brasileira precisa deles.

Como afirma Reynaldo Jardim,

> *É possível, nos dias de hoje, repetir a façanha? Creio que sim, desde que os proprietários de jornal tenham uma visão mais larga. Desde que apareça um editor capaz, com espírito libertário que não queira impor as suas ideias e deixe o barco correr, corrigindo seu rumo durante a própria navegação. Não se pode negar que os cadernos literários dos grandes jornais tenham qualidade e bons colaboradores. O que falta é coragem de ousar, contestar, romper paradigmas. Uma redação não conformada, mas com competência para enfrentar a pasmaceira dominante.*

O NEOCONCRETISMO

Em um texto já clássico, Ronaldo Brito declarou que o neoconcretismo foi em um só tempo o vértice da consciência construtiva no Brasil e também a sua ruptura:

> *É um objeto de estudo complexo exatamente por causa disso: em seu interior estão os elementos mais sofisticados imputados à tradição construtiva e também a crítica e a consciência implícita da impossibilidade da vigência desses elementos como projeto de vanguarda cultural brasileira.*

E foi exatamente esta consciência que gerou o movimento. O neoconcretismo foi fruto de um embate interno dentro de dois grupos do movimento concreto: o paulista, formado em torno dos irmãos Augusto e Haroldo de Campos e de Décio Pignatari, e o carioca, que trazia nomes como Ferreira Gullar, Reynaldo Jardim e Oliveira Bastos. O que se colocou, por parte do grupo carioca, foi uma não aceitação do dogmatismo paulista, marcado por uma leitura mais semiótica (Peirce) e da teoria da informação (Norbert Weiner). Influenciado pelas conversas com Mário Pedrosa, Ferreira Gullar trouxe, em resposta, a fenomenologia de Merleau-Ponty, contra o que ele considerava um exagero formal do concretismo paulista. Como o próprio Gullar explica:

> *O que é a fenomenologia? É o contrário da matemática. É a posição do Merleau-Ponty, segundo o qual, além do conhecimento científico, do conhecimento matemático, há o conhecimento fenomenológico. Por exemplo, o cheiro que*

eu sinto ao atravessar uma rua, a expressão do rosto do meu filho, enfim, o que sinto e percebo olhando uma maçã. Não adianta dizer "quando você sente o cheiro do jasmim são móleculas encadeadas pela planta que entram no seu olfato". Isso não define a experiência fenomenológica, a experiência da pessoa ao sentir aquele cheiro.

O que acabou com a arte de vanguarda foi a ideia de que a ciência substitui a arte, de que arte, fantasia, intuição são coisas do passado, que a ciência é a mãe de tudo. Essa visão dividiu em duas águas o movimento. Não por acaso a arte neoconcreta se tornou uma arte de prestígio internacional, a única vanguarda brasileira que é reconhecida internacionalmente, porque tem um conteúdo próprio que nasce disso, da coisa corporal. O que é a experiência da Lygia Clark, do Hélio Oiticica, senão a experiência corporal, sensorial, olfativa, auditiva, tátil, em contraposição a uma arte ótica, intelectualizada, cerebral, que é a poesia concreta e a pintura concreta? Essa redução, esse retorno ao corpo, é o que define a divisão, a diferença entre o grupo do Rio e o de São Paulo.

Reynaldo Jardim concorda, acrescentando, com seu humor habitual, a diferença de ambiente entre os dois grupos como um importante elemento da disparidade conceitual:

A poesia neoconcreta nasceu de uma cisão mais conceitual do que sintática. Em resumo, os poetas concretos de São Paulo queriam que a poesia fosse uma forma fechada que contivesse toda a taxa de informação em si, sem nada que transcendesse a sua própria forma. No Rio de Janeiro, a vivência dos poetas era menos industrial e mais voltada para este estímulo acessorial permanente, que é o sol e a praia. Por isso, queríamos que houvesse nos poemas algo que o transcendesse. Mas eu acho que os poemas concretos só se realizam quando se tornam neoconcretos, no sentido de expressarem algo que vai além de suas formas. Tudo expressa algo além de sua forma.

As primeiras indicações de uma ruptura entre os dois grupos aparece nas páginas do *SDJB*, ainda em 1957. Na edição de 16 de fevereiro, Mário Pedrosa publica um artigo, "O Poeta e o Pintor Concreto", onde defende o princípio fenomenológico da poesia concreta e o compara com os procedimentos dos artistas visuais:

Os poetas concretistas não somente aboliram o verso, como erigem sua lança estética contra o discurso poético. Ora, o discurso poético, no seu modo especificamente afirmativo-apologético--sustentativo, concede ao que é significado o lugar preferencial. Assim Whitman podia escrever: 'Seeing, hearing, felling are miracles..." Elevando os sentidos ao lugar preferencial, o poeta se coloca como uma antena simbólica a captar a experiência primeira.
Sua atitude é, de saída, a da experiência direta em face das coisas. "Ver, ouvir, sentir, são mila-

gres..." Ponha-se de lado o panteísmo natura-
lista e romântico do bardo norte-americano, e
teremos nele esse abordar, puramente descritivo,
isto é, foenomenológico, que a poesia, satura-
da de ciências e técnicas de hoje, tão ardente-
mente procura. Os poetas concretistas aproxi-
mam-se das artes plásticas, aproximam-se da
música para alcançar a nudez da percepção, a
virgindade e a pureza do golpe inicial, global,
perceptivo das gestalts. Eis porque sofregamen-
te abandonam o verso, com suas andanças, seu
corte, sua natureza invencivelmente cultivada,
erudita, conceitual, para contactar, apegar-se a
um objeto bruto, a uma experiência que ainda
está para cá dos conceitos, para cá do inevitável
encadeamento lógico-associativo, especulativo-
-psicológico. Eles querem partir "da experiência
ingênua imediata, intacta, sem prevenções, em
relação aos objetos de um mundo concreto e pre-
nhe de significações" (R. B. Macleod, The Place of
Phenomological Analysis In Social Psychological
Theory).
Não é por outra razão que a imagem gráfico-es-
pacial representa, de início, papel tão primor-
dial na démarche poética de um Décio Pignatari
ou de um Gullar. Eles querem ver previamente o
poema, e não se vê senão através da percepção,
isto é, de uma forma, um núcleo formal, um ob-
jeto, enfim. Há lógica, pois, quando chamam o
resultado da experiência formal-sensorial de
poema-objeto. Haroldo de Campos, talvez o
mais romântico dos concretistas, vê o seu poema

se formando, enquanto ouve, como um bordão constante, o som das palavras que o acompanha e talvez, em parte, o dirija na distribuição espacial delas.

Assim, a atividade poética concreta, mesmo num preciso engenheiro construtor de poemas como Augusto de Campos ou Décio Pignatari, é sempre e apaixonadamente fenomenológica. Eles partem da palavra, mas a desconectam de todo o antecendente e o posterior, desligando-a, como um elo solto dos todos imemoriais de onde provêm e das usuais estruturas por onde circula. Com que fito? Para isolá-la, tê-la como uma coisa indiferente, um objeto ainda não definido, sem nome: em suma, como um composto de sons e letras, fonemas e ditongos, destituído de suas imemoriais funções lógico-conotativas, de sua intrínseca natureza conceitual. Que dela fica? Um mero objeto fenomenológico, dados imediatos e primeiros para a experiência direta. (Para falar numa abstrusa linguagem filosófica, seria no máximo uma "essência pré-perceptiva" husserliana). É claro que se daí eles partem, é para de novo voltar ao mundo dos conceitos, o mundo do verbo.

Mas, agora, vejamos o pintor concretista, segundo a ortodoxia teórica, sobretudo dos paulistas. De um Valdemar Cordeiro, por exemplo. O pintor pretende seguir um demarche precisamente inversa dos poetas. Seu ideal é despojar-se, ao m´ximo, de toda experiência fenomenológica direta, em busca da pura intelectualidade. O de que ele gostaria seria de realizar uma pura e perfeita operação mental, como um cálculo de engenheiro. Estranho ou indiferente a qualquer modalidade de experiência pessoal. Ele não está mesmo interessado na boa ou na má, qualitativa, pitoricamente falando, realização da obra, do quadro. O que interessa acima de tudo é a exteriorização precisa da própria visualidade, ou melhor, da ideia visual que... arquitetou, que concebeu, que planejou. Por que então se trata de um pintor? Porque a ideia concebida e transladada para a tela é para ser vista, para ser lida, no plano, pelos olhos perceptivos.

A forma geralmente seriada (triangulos, quadrados, curvas, etc.) é exposta com a maior precisão possível, e tudo o mais é acessório, inclusive as cores que deveriam poder ser ditaltadas pelo telefone ao laboratório de ótica, de acordo com o número específico de sua onda ou de sua vibração cromática. Assim, até as cores, o domínio essencial, primordial, de toda aproximação fenomenológica, são erlegadas para fora da experiência primeira do artista e transformadas em resultantes experimentais objetivas já perfeitamente catalogadas, isto é, conceitualizadas. O pintor concreto aspora ao momento em que a própria mão poderá ser dispensada na confecção do quadro. Assim, enquanto o poeta deixa o campo específico da retórica verbal, do discurso lógico-significativo, o meio natural onde nascem, vivem, crescem, mexem, transformam-se, morrem as palavras, para recomeçar sua pes-

*quisa, com a virgindade das experiências pri-
meiras, no plano das atividades intersensoriais
prático-fenomenológicas, onde age o pintor ou
o músico; o pintor concretista, ao contrário, quer
alcançar a nitidez da lógica simbólica, rompido qualquer compromisso com as experiências
fenomenológicas pretéritas. Ele gostaria de ser
uma máquina de elaborar e confeccionar ideias
para serem vistas. O fenômeno dessa disparidade de atitudes merece ser registrado.*

Não que a fenomenologia fosse então uma palavra proi-
bida para os concretos paulistas. Basta lembrar que em um
dos manifestos escritos por Augusto de Campos, ainda em
1956, se encontra o seguinte fragmento:

*funções-relações gráfico-fonéticas ("fatores de
proximidade e semelhança") e o uso substantivo
do espaço como elemento de composição entre-
têm uma dialética simultânea de olho e fôlego,
que, aliada à síntese ideogrâmica do significado,
cria uma totalidade sensível "verbivocovisual",
de modo a justapor palavras e experiências num
estreito colamento fenomenológico, antes impossível.*

Mas, a partir de 1957, com o aumento do debate em torno dessa questão, há uma radicalização por parte do grupo
paulista, em busca de uma poesia que se direcionasse para a
exatidão matemática. Em consequência, na edição de 23 de
junho de 1957, o *SDJB* traz como manchete principal: "Cisão
no Movimento da Poesia Concreta". Dois textos são publi-

— Poetas concretos e neo-
concretos continuaram brigan-
do. Décio Pignatari, concreto
de São Paulo, interrogado pela
Tribuna da Imprensa s ô b r e
o neo-concretismo, respondeu
com as palavras de Gertrude
Stein: *It is wonderful the way
I am not interested*. E eu pensei comigo: se um concreto
não está interessado nos neoconcretos, quem poderá estar?
Por seu lado os neo-concretos
do Rio metem o pau nas com-
posições "mecânicas" dos poetas Pignatari, Haroldo e Augusto de Campos, cuja teorização qualificam de provincia-
na. Os concretos quando fazem poemas são os mais lacô-
nicos dos homens — uma palavra ou duas bastam. Mas
quando discutem ou teorizam,
como as desperdiçam, como se
tornam discursivos!

O embate entre os concretos e neoconcretos em dois
momentos: artigo de Manuel Bandeira no SDJB,
em 29 de abril de 1959.

cados, lado a lado: "Poesia Concreta: Experiência Intuitiva", assinado por Ferreira Gullar, Reynaldo Jardim e Oliveira Bastos, e "Da Fenomenologia da Composição à Matemática da Composição", de Haroldo de Campos. Além disso, há uma pequena apresentação, com o título "O grupo do Rio define a sua posição":

Os dois manifestos concretistas, que aqui divulgamos, demarcam os campos diversos em que atualmente (e para o futuro) se situam os poetas do Rio e de São Paulo, dentro da experiência concretistas. Enquanto o texto de Haroldo de Campos (que reflete o pensamento do grupo paulista) preconiza para o poema concreto uma "estrutura matemática que determinará os elementos do jogo e sua posição relativa", o manifesto dos poetas do Rio condena esse propósito como uma "formalização da linguagem consequente de um equívoco cientificista" e pretende que o poema concreto valha como uma "experiência cotidiana, afetiva, intuitiva", visando a uma "totalidade transcendente". O conhecimento dessa diferença dos dois grupos constitui, no momento, um fator relevante para a compreensão da poesia concreta e seu ulterior desenvolvimento.

No texto de Haroldo de Campos, se lê:

a poesia concreta caminha para a rejeição da estrutura orgânica em prol de uma estrutura matemática (ou quase matemática). i. é: em vez do poema de tipo palavra-puxa-palavra, onde

O ponto central do texto de Haroldo de Campos trata diretamente da questão colocada no ensaio de Mário Pedrosa:

quanto possível, respeitada a natureza peculiar a cada uma das artes, tenderá a desaparecer a diferença de atitudes discernida muito bem por mário pedrosa entre poeta e pintor concreto: a fenomenologia da composição cederá a uma verdade matemática da composição. o que se pretenderá será realizar, "da maneira a mais precisa possível", a estrutura verbal planejada, com a "nitidez da lógica simbólica", ou com a precisão com que um pintor concreto exterioriza sua "ideia visível".

Em resposta, o texto do grupo carioca apresenta, entre seus tópicos, uma leitura absolutamente oposta da proposição de Pedrosa, valorizando exatamente a fenomenologia:

O poeta concreto não repele — ou melhor, não pretende repelir — a subjetividade, sem a qual não é possívle nenhuma criação. Ele distingue entre o subjetivismo, de que se encontra embebida toda uma retórica poética cloroformizada, e a subjetividade mesma; distingue entre verbalismo e conhecimento fenomenológico. O poema concreto é o novo meio de se controlar totalmente uma experiência.

(...) A linguagem é a atualidade da cultura (Hegel). A poesia é a atualidade da lingugagem (poeta concreto). Só um equívoco cientificista levaria a supor que a atualização da linguagem está na sua formalização. A pretensa submissão da poesia a estruturas matemáticas leva o selo desse equívoco.

suplemento

dominical

rio de janeiro — sábado, vinte e um e domingo, vinte e dois de março de mil novecentos e cinqüenta e nove

de dezenove de março a dezenove de abril no

museu de arte moderna

EXPERIÊNCIA

amílcar de castro

cláudio mello e souza

ferreira gullar

franz weissmann

lygia clark

lygia pape

reynaldo jardim

theon spanúdis

rio, março, 1959

NEO CONCRETA

(...) O poema concreto quer ser o novo habitat vital da palavra.

(...) O poema concreto deve valer como uma experiência cotidiana — afetiva, intuitiva — a fim de que não se torne mera ilustração no campo da linguagem de leis científicas catalogadas. É preciso não perder de vista que a combinação dos elementos sensoriais da palavra — som, grafia — estará sempre na dependência do que daí resulte como expressão "verbal", e mais: de que todas as relações estabelecidas tenham em vista uma totalidade transcendente o poema concreto deve ser feito visando a se tornar uma realidade viva e a sua fruição um ato pleno. Ou não valeria a pena escrevê-lo.

A ruptura acabou se demonstrando definitiva: a partir de então, a poesia (e a arte) concreta seguiria por diferentes direções em cada cidade. Naquele primeiro momento, não havia a formulação de um novo movimento, mas sim a ruptura interna dentro do concretismo. Só em 1959, com a primeira exposição coletiva dos artistas cariocas, o nome neoconcreto aparece pela primeira vez. Segundo Gullar,

Continuamos dois grupos, do Rio e de São Paulo. Ninguém se chamava neoconcreto, eram os concretistas do Rio e os concretistas de São Paulo. Isso em 1957. O Manifesto da Arte Neoconcreta é de março de 1959, dois anos depois. Não nasceu porque "rompemos, vamos criar outro movimento", nada disso. Um dia a Lygia Clark, num jantar na casa dela, falou pra nós, estávamos to-

dos lá: "O que vocês acham de fazermos uma exposição com o trabalho de todo mundo? Poetas, pintores, escultores, todo mundo do Rio? A gente tem trabalhado e tem muita coisa nova de cada um". Falei: "Acho uma boa ideia", e ela: "Gullar, você faz a apresentação da exposição?", "Faço".

O texto de apresentação foi publicado numa edição especial do *SDJB*, denominada "A Experiência Neoconcreta". Conforme testemunho de Lygia Pape, embora não houvesse um manifesto explícito, já havia nos trabalhos reunidos na mostra uma identidade e uma pesquisa comum:

> *Para participar do grupo era preciso seguir alguns critérios, como a busca da invenção, a disciplina, a colocação de certas questões comuns a todos: a economia da forma, o uso da forma geométrica, a cor limpa e pura. Essas questões estavam presentes porque havia uma identidade. E as pessoas estavam ali porque se identificavam com aquilo. Era a busca do novo. Não havia propriamente uma liderança no grupo. Ferreira Gullar, que era poeta e redator do jornal, escreveu o texto para a primeira exposição, o qual, além de expressar ideias pessoais, funcionou também como uma espécie de resumo do que se faria dentro do grupo. Quando descobriu Merlea-Ponty, possivelmente através de Mário Pedrosa, começou a trazer para o grupo certas identidades de expressão que encontros nos textos. Mas as obras já estavam prontas. Havia uma certa identidade ou impregnação entre as pessoas do grupo.*

O próprio "Manifesto Neoconcreto", escrito especialmente como apresentação da exposição coletiva, explicitava o tom menos fechado e dogmático do neoconcretismo, que se via mais como uma aproximação de interesses e inquietações do que como um movimento:

> *Os participantes desta I Exposição Neoconcreta não constituem um "grupo". Não os ligam princípios dogmáticos. A afinidade evidente das pesquisas que realizam em vários campos os aproximou e os reuniu aqui. O compromisso que os prende, prende-os primeiramente cada um à sua experiência, e eles estarão juntos enquanto dure a afinidade profunda que os aproximou.*

Interessante aqui ressaltar que a formulação carioca, que se desdobraria no neoconcretismo, se iniciou a partir da poesia, só posteriormente seguindo para as artes plásticas. Se, com o tempo, o neoconcretismo se tornaria internacionalmente conhecido pela impressionante renovação que efetuou no campo das artes plásticas, a poesia, linguagem onde primeiro foram realizados os tensionamentos conceituais que o geraria, ficou relegada a um segundo plano, senão a um quase total esquecimento.

Um dos fatores para isso foi exatamente o esboroamento das fronteiras de linguagem realizado pelo neoconcretismo. Um movimento de diálogo e transposição de linguagens artísticas, que fez com que a poesia neoconcreta utilizasse de suportes não convencionais para a sua expressão. Segundo Ronaldo Brito,

*Uma das principais características do neocon-
cretismo foi a sua posição crítica sistemática
ante os suportes, mecanismos e ideologias da
arte como se lhe apresentavam. Nesse ponto
está o seu antiformalismo: a análise da produção neocooncreta revela sua unidade sobretudo
pela persença de uma inteligência crítica diante dos modos vigentes de organização formal. É
aí que se pode falar numa imaginação neoconcreta, quem sabe em opopsição à inventividade
concreta. Há uma vontade e, digamos, um sopro
utópico nos "bichos" de Lygia Clark, nos relevos
de Oiticica e em seus "não-objetos", nos "espaços
ativos" de Willys de Castro, no Livro da Criação e
no Ballet Neoconcreto de Lygia Pape, nas esculturas de Almícar de Castro, etc. Essa vontade negativa, inscrita principalmente no trabalho de
rompimento dos esquemas formais dominantes
e no modo de relacionamento vigente da obra
com o espectador, marcou o neoconcretismo e
o colocou numa posição até certo ponto para-
doxal: a de um movimento construtivo mais ou
menos "maldito".*

Esse antiformalismo seria radicalizado na "Teoria do
Não-Objeto", de Ferreira Gullar, onde leva ao limite a ques-
tão da obra no fazer artístico. Em entrevista para Miguel de
Almeida, Gullar relembra a formulação da teoria:

*Um dia a Lygia chamou o grupo lá na casa dela,
eu, Mário Pedrosa, Amílcar de Castro, pra mostrar o que ela tinha feito, porque ela não sabia o*

Cartum de Fortuna
para o catálogo da Exposição Neoconcreta, 1959.

MAX BENSE CONVIDA NEOCONCRETOS A EXPOR EM STUTTGART

O grupo neoconcreto – escritores e artistas plásticos – foi convidado pelo filósofo alemão Max Bense, Catedrático de Filosofia e Diretor da seção "Studium Generale" (Estudos de Cultura Geral) da Escola Politécnica de Stuttgart, Alemanha, para participar de uma exposição que ali se realizará na segunda quinzena dêste mês. A exposição se intitula "Poesia concreta – suas relações com as artes concretas e música concreta".

Essa exposição, que é a primeira que se realiza no gênero, na Alemanha, tem por objetivo aprofundar o estudo das experiências realizadas nos vários campos da atividade estética, dentro de um conceito-formal objetivo. O Prof. Bense não ignora a posição dos artistas neoconcretos em face da teoria da arte concreta, mas, como se verá pela carta que traduzimos abaixo, julga interessante representar na exposição a tendência do grupo carioca, sem a qual não se teria uma imagem completa do movimento.

Gerald Eberlein, um dos componentes do grupo concreto de Stuttgart, é quem nos transmite o convite de Max Bense, informando-nos que teve conhecimento do movimento neoconcreto através do artigo de Ferreira Gullar, publicado na revista brasileira "Módulo" e intitulado "Da arte concreta à arte neoconcreta". Pede-nos informações sôbre as atividades do grupo carioca, publicações e o catálogo da I Exposição Neoconcreta, realizada no Museu de Arte Moderna do Rio, em março dêste ano, e no qual se publicou o primeiro manifesto do movimento.

Sôbre Max Bense é oportuno informar que se trata de uma figura importante da Filosofia alemã atual, estudioso dos problemas da estética contemporânea e autor de um livro já famoso sôbre o assunto: "Estética" – no qual estuda alguns problemas fundamentais da teoria da arte e da literatura moderna.

A carta, dirigida a Ferreira Gullar, diz o seguinte:

"Tendo lido seu importante artigo "Da arte concreta à arte neoconcreta" publicado na revista "Módulo", falei dêle ao Prof. Max Bense, Catedrático de Filosofia e Diretor da seção "Studium Generale" da Escola Politécnica de Stuttgart.

"Estando em preparo nesta Escola uma exposição "Poesia concreta – suas relações com as artes concretas e música concreta", que será inaugurada em meados de novembro, o Prof. Bense me encarregou de entrar em contato com vocês e convidar o grupo neoconcreto para participar desta exposição – seja com obras originais, seja com boas fotos, reproduções etc., de artes plásticas e poesias neoconcretas.

Há alguns meses, estêve aqui, em Stuttgart, o Sr. Haroldo de Campos, que nos visitou. Falou-nos longamente do grupo de S. Paulo, mas não disse palavra a respeito de sua cisão... Acreditamos, não obstante, que será bom representar as tendências diferentes, o que dá sempre uma imagem mais completa da realidade artística de um movimento ou de uma idéia.

É por essa razão que gostaríamos muito se fôsse possível a participação, de alguma maneira, do grupo carioca. Além do mais, estamos vivamente interessados em receber informações com respeito às atividades dos neoconcretos, suas eventuais publicações, o catálogo da primeira exposição do grupo no Rio etc.

Quanto a nós, trata-se da primeira exposição nesse gênero na Alemanha e particularmente em Stuttgart. Já a televisão alemã começa a interessar-se pelo que fazemos e vários jovens colaboradores da estação local estão dispostos a fazer uma curta metragem sôbre a mostra para a TV. As emissões de TV de cada estação local são combinadas em cadeia e transmitidas para tôda a Alemanha Ocidental, compreendendo, assim, uma população de 55 milhões, isto é, mais de três milhões de espectadores no mínimo (isso sem mencionar os espectadores da Áustria, Suíça e Alemanha comunista, Dinamarca, etc.). Até agora já foi feito um programa de TV sôbre nossos trabalhos".

suplemento dominical

JORNAL DO BRASIL, Rio de Janeiro, sábado, 14 de novembro de 1959

Abre-se, amanhã, em Salvador, Bahia, uma exposição de doze artistas neoconcretos, que irão expor perto de 60 obras, entre poesia, gravura, escultura, prosa e pintura.

Esta exposição é promovida pelo Diretório Acadêmico da Faculdade de Belas-Artes da Universidade da Bahia, em combinação com a Companhia Lóide Aéreo Nacional, e está localizada no Belvedere. Participarão desta mostra os pintores Lígia Clark, Aloísio Carvão, Hélio Oiticica; os escultores Amilcar de Castro e Franz Weissman; a gravadora Lígia Pape (que também exporá livros-poema) e os poetas Ferreira Gullar, Reinaldo Jardim, Cláudio Mela e Sousa, Théon Spanudis, Willys de Castro e Carlos Fernando Fortes de Almeida.

Durante o período da exposição os poetas Reinaldo Jardim, Théon Spanudis e Ferreira Gullar farão conferências sôbre a posição neoconcreta nos vários campos de sua atividade.

Durante quinze dias (a exposição será encerrada no dia 30) os baianos terão oportunidade de ver o que se está fazendo em arte de vanguarda no Brasil.

que era aquilo, não era pintura, não era escultura, ela não sabia o que era. Chegamos lá e tinha no chão algumas tábuas, umas eram verde-abacate e outras, cinza. Eram colocadas duas assim, duas assado, umas em cima das outras, parecendo uma fogueira de São João. Ela perguntou: "o que é isso? não sei o que é". O Mário falou: "isso é uma espécie de relevo" e eu disse: "Mário, desculpa, mas eu vou fazer uma observação, discordo do que você disse pelo seguinte: relevo pressupõe uma superfície, sobre a qual tem um relevo, aqui não tem superfície nenhuma". "Você tem razão, não é relevo", aí a empregada apareceu: "Dona Lygia, o jantar está na mesa!", "vamos jantar e continuar conversando lá".

Eles foram e eu fiquei olhando o trabalho. "Isso não é escultura, não é pintura, não é relevo. Isso é um objeto, mas a cadeira também é um objeto, a poltrona é um objeto, o lustre é um objeto, então qual a diferença entre a cadeira e isto aqui? A cadeira é um objeto útil, mas isto aqui não serve pra nada, ele é só significável, vou chamá-lo de 'não-objeto'".

Fui pra dentro e falei: "descobri o nome daquele troço lá: 'não-objeto', é um objeto que não serve pra nada". Aí o Mário falou: "Gullar, não-objeto não é nome de nada, porque tudo é objeto do conhecimento, o não-objeto é nada", e falei: "Mário, deixa de filosofia, filosoficamente você está certo, mas pensa assim: cadeira não é objeto? mesa não é objeto? aquilo também não é objeto? a diferença é que aquilo é só significado, não tem utilidade, então proponho que se chame de não-objeto". "Tudo bem, estou fora dessa", e mudaram de assunto.

Em casa, tomei nota e escrevi a Teoria do Não--Objeto. Foi assim que nasceu. Depois escrevi o "Diálogo Sobre o Não-Objeto". O que descobri ali? O que estava em germe naquilo? Era exatamente o fato que uma coisa que não é uma cadeira, que não é um bule, que não tem nenhuma forma reconhecível, nem uma função, nem uma figuração de uma coisa: um homem sentado num cavalo, não é um bloco de mármore que significa um corpo de mulher, então é algo que não representa nada, só tem significado. Isso eu chamei de não-objeto.

O conceito gerou imediatos debates no meio artístico, até pela sua difícil compreensão. Segundo Gullar,

A expressão não-objeto não pretende designar um objeto negativo ou qualquer coisa que seja o oposto dos objetos materiais, com proporiedades exatamente contrárias desses objetos. O não-objeto não é um antiobjeto, mas um objeto especial em que se pretende realizada a síntese de experiências sensoriais e mentais: um corpo transparente ao conhecimento fenomenológico, integralmente perceptível, que se rende à percepção sem deixar resto. Uma pura aparência. Toda a obra de arte verdadeira é, portanto, um não-objeto, e se adotamos agora esta denominação é porque ela nos ajuda a enfocar os

A teoria se desdobraria para o Não-Objeto Verbal, com experiências no campo da poesia, retratadas em textos de Roberto Pontual, Ferreira Gullar e Théon Spanudis. Experiências radicais, que acompanham a inovação de obras com os *Bichos* de Lygia Clark e os *Penetráveis* de Hélio Oiticica.

Em 1962, após duas exposições coletivas, o neoconcreta chega ao fim, com a dispersão de seus artistas em diferentes experiências. Foi um período curto, mas de intensa realização. Um período marcado também pelo constante confronto com um ambiente artístico conservador e muita vezes ainda incipiente.

O grupo começou em 1958, mas a primeira exposição só aconteceu em 1959. Em 1960, nós fizemos a segunda, e em 1962-63 o movimento já estava acabando. Nós trabalhávamos individualmente, mas toda tarde, ou toda semana, sem dúvida, nos encontrávamos para trocar ideias, conversar, mostrar os trabalhos. De vez em quando, até saíam atritos. Nós, do grupo neoconcreto, éramos muito apaixonados e ligados, íamos a todo lugar e discutíamos tudo. Existia, nessa época, o Suplemento Dominical do Jornal do Brasil, do qual também participávamos. Era um momento efervescente no nosso grupo, mas vivíamos naquele mundo particular, porque o resto era um deserto para nós, não tínhamos acesso a nada. Não havia galerias e os

*museus não tomavam conhecimento. Só havia
o Museu de Belas Artes. O MAM surgiu somente
um tempo depois.*

Os únicos críticos com os quais tínhamos contato durante o movimento neoconcreto eram Mário Pedrosa e Ferreira Gullar, que era do grupo. Os outros tentavam derrubar tudo. Como era uma coisa nova, tão diferente e ousada, que negava a pintura acadêmica e figurativa, eles não tinham parâmetros para comparação. Por que é tão mal recebido o surgimento de algo novo? Porque aponta para um novo olho. As pessoas deveriam aprender a seu habituar com esse novo olhar. Algumas pessoas criticam o fato de atualmente só serem utilizados materiais exóticos na arte, como a parafina. Talvez até exista um certo exagero nessa utilizaçao de materiais perecíveis, mas é uma maneira atual de se produzir. Adoro a ideia de trabalhar com materiais perecíveis. Gosto da ideia de tempo, de coisas que vão desaparecendo.

O legado neoconcreto é inegável. Mas, se nas artes visuais os trabalhos subsequentes dos expoentes do grupo, como Hélio Oiticica, Lygia Pape e Lygia Clark, desdobrariam ou radicalizariam as propostas já constantes no neoconcretismo, no caso da poesia, especialmente em Ferreira Gullar, há uma ruptura. As propostas colocadas no período tiveram poucas consequências para toda a sua potencialidade, seja em obras poéticas futuras nem na crítica. Por isto a necessidade de novos estudos sobre o tema.

POESIA NEOCONCRETA: UMA APROXIMAÇÃO

Os integrantes do grupo neoconcreto produziram poemas de diversas formas durante a vigência do movimento neoconcretista. As páginas do *Suplemento Dominical do Jornal do Brasil* foram espaço privilegiado de publicação dos poemas visuais em diálogo com o movimento neoconcreto. Além de Ferreira Gullar, Reynaldo Jardim, Lygia Pape e Theon Spanudis, poetas que assinaram o manifesto neoconcreto, somaram-se Albertus Marques, Cláudio Mello e Souza, Carlos Fernando Fortes, Ivo Barroso, Judith Grossmann, Osmar Dillon, Roberto Pontual e Willys de Castro. O elenco variado inclui artistas e escritores com trajetórias diversas, cujos poemas colaboraram para compor o movimento nas páginas do jornal entre 1959 e 1961.

Os poemas foram publicados em livro, como atestam os cinco volumes da Coleção Espaço, um dos quais uma experiência de prosa poética neoconcreta, por Reynaldo Jardim. Poemas visuais de Lygia Pape, Ferreira Gullar, Carlos Fernando Fortes de Almeida e Theon Spanudis foram publicados na coleção entre 1958 e 1960. Segundo Spanudis, a Coleção Espaço teve baixa tiragem e distribuição, como afirmou em entrevista ao *SDJB*, na época do lançamento do seu volume, em fevereiro de 1959:

> *O meu livro teve apenas a tiragem de 200 exemplares. O custo elevado de publicações que exigem cuidado gráfico especial, e o restrito número de pessoas interessadas nessas poesia, determinaram a redução da tiragem. Nem o porei nas livrarias. Quem se interessar pelo livro poderá adquiri-lo através do SDJB. Será também posto*

Por conta da dificuldade de distribuição, os livros tiveram pouca repercussão e hoje são uma grande raridade. A divulgação e o impacto maior sobre os textos se deu realmente no *SDJB*. Mas, mesmo assim, permaneceram pouco lidos diante das realizações em artes visuais do movimento. Embora, segundo Gullar, o desafio de se pensar o neoconcretismo na poesia fosse ainda maior do que nas artes visuais:

No plano da poesia, a inquietação é ainda maior, mesmo porque se trata de uma experiência inédita, obrigando os poetas a inventar quase que a partir do zero. Isto vale tanto para Reynaldo Jardim quanto para Theon Spanudis, e para mim, ainda que, no meu caso, a porposta de uma poesia que se explorasse principalmente a expressão espacial e visual não era nova. De qualquer modo, tratava-se agora de construir poemas em que a relação ótico-fonética-semântica se sobrepunha à preocupação "expressiva", lírica ou existencial. Tratava-se, principalmente, de "construir" o poema".

À primeira leitura, são poemas visuais semelhantes àqueles propostos pelos poetas concretos. Mas, segundo Theon Spanudis, já havia uma diferenciação estrutural nos poemas neoconcretos:

> *Se compararmos um poema neoconcreto com um poema concreto, teremos de constatar que o poema neoconcreto é menos estrutural, menos material, menos verbal, menos racional e, num certo sentido, menos estático. Num poema concreto, os elementos verbais não somente qualificam uns aos outros, mas criam, também, as tensões dinâmicas de atração e repulsa entre si. Este conjunto dinâmico e instável é, ao mesmo tempo, apesar do seu dinamismo e instabilidade, algo de estático como conjunto. As tensões estão dentro do mesmo, mas o conjunto, como tal, é algo estático. O poema neoconcreto, que abandona a estrutura, é muito mais dinâmico. É menos verbal, porque o poema concreto, mesmo se elaborado com poucos elementos verbais, digamos somente dois, pelas repetiçoes, combinações e inversões, torna-se mais comunicativo verbalmente. Pela mesma razão, o poema neoconcreto é menos racional que o concreto. As combinações, repetições e inversões dos concretos, mesmo se rítmicas, mostram uma atividade inventiva do nosso intelecto. Em compensação, o poema neoconcreto se comunica mais pelo tempo interior, pelo tempo vivencial, materializado na expressividade espacial, do que pela comunicação verbal.*

Essa diferenciação se radicalizar com o desdobramento das propostas neoconcretas. Com o surgimento da "Teoria no Não-Objeto", Gullar vai definir o "Não-Objeto Verbal", onde a palavra se encontra em estado de "antidicionário":

A palavra ou está na frase — onde perde sua individualidade — ou no dicionário, onde se encontra sozinha e mutilada, pois é dada como mera denotação. O não-objeto veral é o antidicionário: o lugar onde a palavra isolada irradia toda a sua carga. Os elementos visuais que ali se casam a ela têm a função de explicitar, intensificar, concretizar a multivocidade que a palavra encerra.

Mas, ainda nesta definição, é a palavra que está sendo estruturalmente repensada. Logo, será repensado também o suporte dela, para além da página em branco e o livro. O primeiro salto se deu com o surgimento dos livros-poema, através de uma proposição de Ferreira Gullar. Em depoimento autobiográfico, ele conta o nascimento da proposta:

Diante da folha de papel em branco, compreendi que, para alcançar o resultado que buscava — obrigar o leitor a ler o poema palavra por palavra — a única maneira seria fazer com que as palavras surgissem uma a uma diante de seus olhos. Para isso, teria que escrever no verso do papel uma palavra, a outra vindo com o passar da página, no verso da folha seguinte. E, deste modo, o poema iria se compondo, com o passar das páginas, até formar-se inteiramente como uma estrutura espacial.

Por trás da ideia do livro-poema, estava também a preocupação neoconcreta de se criar um novo "habitat" para a
poesia, como bem coloca Reynaldo Jardim:

pode se manifestar, porque dele faz parte inte-
grante e porque nele o livro se integra, resultan-
do pela primeira na História Literária essa coi-
sa nova que é o Livropoema, não mais o poema
no livro, não mais um livro com poemas, mas a
fundação de residência intransferível do poema,
mais que isso, a fundição integral de residência
e residente. É claro que o livro do Livropoema,
por condicionar o texto e por ser por ele simulta-
neamente condicionado, sofre (sem perder suas
características essenciais) transformações de
ordem material (corets de páginas, dobras, etc.,
etc.). E isso lhe confere um poder expressional
até então nunca atingido. Não é apenas a pági-
na (ou o passar das páginas, como acontece nos
textos neoconcretos que funcionam em tempos
sucessivos) que se expressa. É o próprio livro em
sua totalidade global.

Os livros-poema foram também uma integração da poesia com as artes visuais. A própria Lygia Pape, que organizou ou volume unindo poemas e gravuras neoconcretas, reafirma a importância do livro-poema dentro do desenvolvimento da arte neoconcreta, em texto para a revista *Item*, em 1990:

Conceitos novos se insinuavam nas obras como
a quebra das categorias, como o abandono de
uma posição privilegiada para a chamada es-
cultura, como o uso de lingaugens diversas na
mesma obra (imagem e palavra interrelacio-
nadas), o corte e dobradura da página como ex-
pressão e que vai desencadear o surgimento dos

Como colocado por Pape, se o livro-poema já trazia a proposta de interação do leitor, incluindo o gesto e o corpo na obra, esta características se desdobra na criação de penetráveis, instalações e performances em torno da poesia neoconcreta. Antes mesmo, o livro-poema vai repercutir em outras manifestações da arte neoconcreta. Segundo afirma Gullar, foram as dobraduras manuseáveis do seu livro-poema que influenciaram Lygia Clark a criar os *Bichos*.

O passo seguinte seria uma aproximação ainda maior com as artes visuais, através dos poemas espaciais. Um desdobramento natural da experiência com os livros-poema, segundo Gullar:

Como o livro se tornara para mim uma estrutura tridimensional, cujo manuseio era condição sine qua non da sua realização como obra de arte, nada mais lógico que passar a construir novos objetos (não-objetos) tridimensionais e manuseáveis: foi assim que, após o livro-poema "Fruta", criei o poema espacial "Ara (Pedra de Altar)", que consistia em duas placas de madeira pintadas de branco, superpostas e presas uma à outra por uma dobradiça; a placa de baixo em um quadrado de 30x30 cm, e a de cima trian-

*gular: levantando-se esta placa, lia-se escrita na
de baixo a palavra "ara". Após devolver a placa à
posição anterior, a palavra volta a ocultar-se, mas
agora o leitor sabe que ela está ali, sob a placa, e
seu significado passa a impregnar o não-objeto,
que se torna uma espécie de metáfora da ara.*

Entre 1959 e 1961, não apenas Gullar, mas também Lygia Pape e Osmar Dillon, um jovem poeta que se uniu ao grupo neoconcreto, fariam diversas experiências com poemas-objeto ou poemas espaciais. Mas a sinalização de um crise na relação palavra e visualidade foi se fortalecendo, radicalizando a necessidade da presença do corpo na poesia neoconcreta. De um lado, isso vai transparece na proposta de Lygia Pape de um poema performático, denominado "poemas dinâmicos":

*Os poemas dinâmicos prescindem da palavra
escrita, ou gravada em sua estrutura.*
*Basta o título como indicativo da ideia e como
auxílio para adjetivar objetivamente segundo a
sensibiliade do autor (caráter individual) a subjetividade do espectador-ator.*
*Poemas estáticos: mesmo sem o uso da palavra
gravada ou inserida no corpo da estrutura, somente com o título ou nome do poema.*
*A forma permanece como ilustração do sentido
do poema, do seu significado, i.e. o movimento,*
*A AÇÃO é de fora para dentro — se fecha em si
mesma — fica circunscrita à configuração plástica, mas não a transcende.*
*PORTANTO; a palavra está falida, perdeu toda a
força expressiva e até mesmo quando auxiliada,*

*numa tentativa de revitalização, pela constru-
ção plástica, ela falha, pois enfraquecida surge
secundárie e em caráter de adjetivo.
A única saída — ou tentativa — seria a palavra
ORAL, livre no tempo e espaço — significativa
por si mesma num pequeno MOMENTO DE DU-
RAÇÃO, mas perfeitamente autêntico — integral
— TOTAL, coadjuvada pela imagem plástica.*

É exemplar neste sentido, por exemplo, a criação do "Ballet Neoconcreto", a tradução, por Lygia Pape, para linguagem da dança (marcada por um figurino original de formas geométricas), de um livro-poema concebido por Reynaldo Jardim e reproduzido nas páginas do SDJB. Segundo Reynaldo Jardim,

*Um dia, apareceu lá na redação do SDJB o co-
reógrafo Gilberto Mota, que estava organizando
uma mostra dos mais diferentes tipos de balé.
Ele pediu que fosse criado o balé neoconcreto.
Eu chamei a Lygia Pape, que criou as formas,
cilindros brancos e paralelepípedos laranjas de
1,80 m de altura, com furinhos para os bailarinos respirarem. O bailarinos ficavam furiosos,
porque se posicionavam dentro dessas formas e
não apareciam. A estrutura desse balé era baseada em um poema neoconcreto meu. As palavras
se repetiam horizontalmente, em seguida obli-
quamente, depois verticalmente, e se desman-
chavam, para então se transformar no inverso.
Foi essa a "coreografia das palavras" utilizada no
balé, no qual os cilindros deslizavam pelo palco*

com jogos de luzes. Roi realmente um espetáculo muito bonito. Depois deste, ainda fizemos um outro balé, no qual os "bailarinos" eram chamas lisas de metal.

De outro lado, a radicalização dos poemas espaciais se direciona para a criação de poemas ambientais, como é o caso do *Poema Enterrado*, de Ferreira Gullar, e o *Teatro Integral*, de Reynaldo Jardim, ambos inclusos no *Projeto Cães de Caça*, de Hélio Oiticica.

Embora o *Projeto Cães de Caça* tenha sido apresentado apenas como uma maqueta na época, o *Poema Enterrado* chegou a ser construído, na residência do próprio Oiticica. Infelizmente, como lembra Gullar, foi uma experiência malograda:

Ao ver o projeto do "Poema Enterrado" no SDJB, Hélio Oiticica me telefonou entusiasmado, propondo realizá-lo no quintal da nova casa da família, que seu pai estava construindo na Gávea Pequena. Perguntou-me se estava de acordo, eu disse que sim, mas não tinha certeza de que seu pai fosse da mesma opinião. Não o era, mas Hélio insistiu, caiu doente e o pai se rendeu: admitiu construir o poema no lugar destinado à caixa-d'água. Num domingo, meses depois, todo o estado-maior neoconcreto estava lá para inaugurar o primeiro poema com endereço da literatura mundial. Sucede que havia chovido muito na véspera e, ao abrirmos a porta do poema, verificamos que havia dentro dois palmos d'água, e que os cubos flutuavam. Assim, o poema virou

*caixa-d'água, parecia ser o seu destino. Apesar
disso, o "Poema Enterrado" foi o precursor de
uma série de obras que realizadas por Hélio e Lygia, como os Penetráveis.*

Infelizmente, a experiência neoconcreta na poesia du-
rou pouco. Em 1961, Ferreira Gullar foi convidado a presidir
a Fundação Cultura de Brasília e se transferiu para a nova
capital. Em 1962, o *SDJB* encerra as atividades. Naquele
momento, Gulllar já estava buscando uma nova aventura,
se aproximando do Centro Popular de Cultura da União
Nacional dos Estudantes (CPC da UNE) e migrando das
experimentações de vanguarda para uma poesia engajada
politicamente. O grupo neoconcreto foi se dissolvendo aos
poucos, e as experiências realizadas seguiram sendo atua-
lizadas mais no campo das artes visuais do que na poesia.

Mas o que foi feito pelos poetas neoconcretos naqueles
pouco mais de quatro anos é impressionante. No desenvolvimento das formas do poema como não-objetos verbais, o
diálogo da linguagem literária com as artes visuais pôs em
crise a especificidade das linguagens artísticas. O grupo
neoconcreto pode ser considerado um coletivo de artistas
multidisciplinares, os quais compreenderam a poesia como
força transformadora das pesquisas estéticas em todas as
linguagens. É nesse sentido que o poema tende a ser es-
camoteado na compreensão do movimento, pois a poesia
assumiu protagonismo na concepção das artes visuais. Por
outro lado, o movimento reviu o lugar da poesia na pesquisa
estética que o campo crítico literário raramente acolheu.

Em retrospecto, é possível reconhecer o poema como
lugar de pesquisa dos artistas que "dramatizaram", para dizer com Ronaldo Brito, o projeto construtivo nas pesquisas

neoconcretas, emprestando-lhe corpo. Hoje conhecemos poemas de Hélio Oiticica, Lygia Pape e Lygia Clark, como também de Willys de Castro, Osmar Dillon ou Ferreira Gullar, que não foram publicados como obras durante suas trajetórias. Pape nomeou algumas de suas obras posteriores ao movimento como poemas, Hélio incorporou a palavra em parangolés, bólides e penetráveis e concebeu o *Conglomerado Newyorkaises*, projeto literário que restou inédito em vida (em 2014, foi publicada pela Azougue Editorial, com organização de César Oiticica Filho e Frederico Coelho, uma edição dos fac-símiles dos textos, seguindo as instruções originais do autor), e Gullar, embora não tenha realizado o "Poema Enterrado" em público, transitou do poema ambiental ao livro popular numa experimentação social do lugar do poeta.

Sob perspectiva rigorosa, a poesia neoconcreta está composta pelo corpus variado de poemas em linguagem verbal publicados ou arquivados pelos artistas do movimento, e pelas realizações de não-objetos verbais em livros-poema, poemas-objeto, poema elétrico ou poema enterrado, além de empreender nas pesquisas diversas a desmaterialização do poema como poesia em diálogo com as artes visuais, a dança e o teatro. É nesse sentido que se pode considerar o legado desse trabalho em experiências posteriores que assumiram o texto verbal em trânsito de suportes. Poetas com pesquisas diversas interessados em múltiplos suportes ou intervenções em espaços sociais têm sido lidos no campo das artes visuais, embora a literatura e seus modos de leitura devessem colaborar para a compreensão ampla dessas poéticas, que assim enriqueceriam a tradição literária.

O POEMA PÓS-UTÓPICO E O POEMA EXPANDIDO

Mesmo com o fim do neoconcretismo como um movimento, a partir de 1962, são suas práticas de intervenções críticas no espaço que abrem caminho para trabalhos conceituais de fundo político e atuação no campo da cultura de artistas do porte de Cildo Meireles, com suas "intervenções em circuitos ideológicos"; Artur Barrio, com suas "Trouxas"; Antonio Manuel, com suas "Urnas Quentes", e tantos outros que deram à arte visual brasileira contemporânea um papel de protagonista no cenário internacional. No entanto, se nas artes visuais o neoconcretismo torna-se historicamente vitorioso e alinhado ao contemporâneo, na poesia uma visão ainda ligada às vanguardas modernas predomina. Malgrado a louvável contribuição que faz para a própria poesia, a crítica e a tradução no Brasil, o projeto concretista, entrincheirado nas universidades paulistas, peca por estar cego para qualquer verdadeira alteridade, combativamente impermeável àqueles não eleitos à sua paideia. Assim, segundo Philadelpho Menezes, a poesia concreta permaneceu "intimamente associada ao movimento de *boom* desenvolvimentista que levanta o país nos anos 1950, simbolizado exemplarmente pelo plano de criação de Brasília, uma nova cidade idealizada como centro do poder, matematicamente situada no centro geográfico do país."

Podemos compreender a ruptura entre concretismo e neoconcretismo como uma dobra entre modernismo e práticas contemporâneas. Considerando-se um movimento de vanguarda, o concretismo insere-se numa linhagem modernista, ou seja, purista e progressista. Ainda que tenha mantido alguma relação com outros gêneros artísticos, especialmente as artes visuais e a música contemporânea, o concretismo manteve o controle sobre essas relações, cerceando-as sob seu campo teórico e aproximando-se, na prática, no máximo ao que Antonio Risério chamou de "texto intersemiótico". O neoconcretismo, ao contrário, não admitia fronteiras nem taxonomia entre as artes. No contemporâneo, mais que nunca, o poeta, para o bem e para o mal, iguala-se ao artista, e o poema — como objeto de linguagem, mas não obrigatoriamente linguagem verbal — desloca-se dos seus suportes tradicionais. Poetas de filiações variadas interessados em práticas de suportes múltiplos ou intervenções em espaços sociais — e podemos citar Lygia Pape como exemplo — foram desde logo forçados a buscar exílio exclusivo no campo das artes visuais. O concretismo não foi apenas um projeto poético, mas também um projeto crítico (ou político) que, emitindo vistos e passaportes, declarava quem era ou não era poeta.

O conceito de poema pós-utópico foi formulado por Haroldo de Campos que, renunciando ao "projeto totalizador da vanguarda", propõe uma poesia de pós-vanguarda "em dialética permanente com a tradição". Infelizmente, a renúncia ao projeto totalizador da vanguarda não significou a renúncia ao projeto totalizador do concretismo; e o poema pós-utópico não é o poema pós-moderno, e sim apenas o desdobrar de uma tradição específica (a da paideia concretista) em manifestações como a poesia digital, a poesia visual e o neobarroco. Tampouco a renúncia ao projeto totalizador da vanguarda significou, para os descendentes do concretismo, a renúncia de uma feroz militância pela supremacia de sua visão sobre a poesia. Desta forma, excluída da linha evolutiva da poesia ficam as linhagens poéticas não sancionadas pelo seu crivo, especialmente aquelas abertas pelas experiências neoconcretistas. Explorando conceitos e experiências como o espaço imantado, o livro-objeto, a linha orgânica, o não-objeto, e a atitude e os corpos do artista e do espectador, o neoconcretismo constituiu-se em uma das primeiras manifestações contemporâneas, abrindo um enorme leque de possibilidades para o poema se desvelar no campo ampliado da performance, da videoarte, dos objetos e das intervenções sociais. Não são poucos os poetas e coletivos contemporâneos que trabalham a poesia como performance, produção de objetos ou outros, criando poemas em campo ampliado, para usar o termo de Rosalind Krauss, já há muito assimilado no campo das artes visuais. São produções artísticas contemporâneas que fazem ou não uso da palavra e podem ser compreendidas como literatura, poesia e poema, e vale reconhecer o lastro neoconcreto nessas práticas: eis muito trabalho crítico por se fazer.

POESIA CONCRETA: EXPERIÊNCIA INTUITIVA

Ferreira Gullar — Reynaldo Jardim — Oliveira Bastos

A poesia concreta, tal como a entendemos e a defendemos, não é superior nem mais eficiente meio de expressão que as formas poéticas que a precederam; talvez mesmo seja, nessa fase de formação, menos rica e satisfatória que o verso medido e o verso livre em seus melhores momentos. Essas estratégias verbais dão testemunho dos interesses de um tempo cultural que já não é o nosso. A poesia concreta não é uma invenção caprichosa de A ou B, mas uma necessidade que escapa à órbita individual: é o resultado de uma evolução, verificável, da linguagem do poeta. Seu objetivo é substituir, sem prejuízo para a expresão, as formas poéticas fatigadas.

MÁXIMO DE EXPRESSÃO — MÍNIMO DE PALAVRAS

A poesia concreta não tem por objetivo a conmunicação "mais rápida", senão na medida em que essa rapidez está implícita na economia natural do poema: o máximo de expressão controlado pelo mínimo de palavras.

O POEMA ATACA O SUJEITO

A poesia concreta não é um meio "mais eficaz" de atacar o objeto, porque o "objeto" não preexiste ao poema, mas nasce com ele — o objeto é o poema: o poema ataca o sujeito (o espectador).

A linguagem não tem nenhuma ação direta sobre o mundo dos objetos, a não ser "no sujeito", isto é, na proporção em que o mundo dos objetos, tornado significação, cultura, é já o sujeito.

MODO DE REALIDADE

O fundamento da poesia concreta é precisamente essa nova percepção da linguagem não mais apenas como simples referência ao mundo dos objetos e sim como um modo de realidade desse mundo: o poeta concreto tenta uma nova organização da matéria verbal, fundado em valores que se opõem ao uso da sintaxe unidirecional.

O POEMA COMEÇA QUANDO A LEITURA ACABA

O poeta concreto cria "formas significativas", objetos verbais: ele "concretiza" a expressão, e dá-lhe uma realidade espacial: na poesia concreta a leitura não permite a "abstratização" (nadificação, diria Sartre) do texto; é função da leitura fundar este texto: o poema começa quando a leitura acaba...

POESIA E PUBLICIDADE

Assim, no poema concreto, o leitor é levado ao encontro de um objeto durável — e isto coloca o poema em oposição ao anúncio e aos processos publicitários em geral — onde a linguagem pretende apenas precipitar uma ação do leitor e não criar um objeto para ele.

OBJETIVIDADE CRIATIVA

O poeta concreto não confundirá a objetividade criativa — o controle indispensável na criação de um poema cuja leitura é a apreensão, pelo leitor, do funcionamento de sua Gestalt — com a objetividade científica que pressupõe um observador isento dos fatores circunstanciais.

POESIA E SUBJETIVIDADE

O poeta concreto não repele — ou melhor, não pretende repelir — a subjetividade, sem a qual não é possível nenhuma criação. Ele distingue entre o subjetivismo, de que se encontra embebida toda uma retórica poética cloroformizada, e a subjetividade mesma; distingue entre verbalismo e conhecimento fenomenológico. O poema concreto é o novo meio de se controlar totalmente uma experiência.

PRIMAZIA DA PALAVRA

O poeta concreto reconhece a responsabilidade da poesia em face da linguagem como fenômeno social. Sua atitude não é idêntica à que determinou as recentes pesquisas lógicas destinadas a formalizar a comunicação verbal: ante

JORNAL DO BRASIL

Suplemento Dominical

Rio de Janeiro   Domingo   23   junho   1957

LYGIA CLARK
FRANZ WAISSMAN
DECIO VIEIRA
JOSÉ CARLOS OLIVEIRA
MÁRIO PEDROSA

falam sôbre

VOLPI

Pág. 8

ADOLFO CASAIS MONTEIRO
escreve sôbre CECILIA MEIRELES

Pág. 9

Darel ?

A GRAVURA BRASILEIRA
NÃO PASSA DE PROMESSA

O GRUPO DO RIO DEFINE A SUA POSIÇÃO

Os dois manifestos concretistas, que aqui divulgamos, demarcam os campos diversos em que atualmente (e para o futuro) se situam os poetas do Rio e de São Paulo, dentro da experiência concretista. Enquanto o texto de Haroldo de Campos (que reflete o pensamento do grupo paulista) preconiza para o poema concreto uma "estrutura matemática que determinará os elementos do jôgo e sua posição relativa", o manifesto dos poetas do Rio condena êsse propósito como uma "formalização da linguagem consequente de um equívoco cientificista" e pretende que o poema concreto valha como uma "experiência cotidiana, afetiva, intuitiva", visando a uma "totalidade transcendente". O conhecimento dessa diferença dos dois grupos constitui, no momento, um fator relevante para a compreensão da poesia concreta e seu ulterior desenvolvimento.

CISÃO NO MOVIMENTO DA POESIA CONCRETA

POESIA CONCRETA: EXPERIÊNCIA INTUITIVA

A poesia concreta, tal como a entendemos e a defendemos, não é superior nem mais eficiente meio de expressão que as formas poéticas que a precederam; talvez mesmo seja, nesta fase de formação, menos rica e satisfatória que o verso medido e o verso livre em seus melhores momentos. Essas estratégias verbais dão testemunho dos interêsses de um tempo cultural que já não é o nosso. A poesia concreta não é a invenção caprichosa de A ou B, mas uma necessidade que escapa à órbita individual; é o resultado de uma evolução, verificável, da linguagem do poeta. Seu objetivo é substituir, sem prejuízo para a expressão, as formas poéticas fatigadas.

Máximo de expressão — Mínimo de palavras

A poesia concreta não tem por objetivo a comunicação "mais rápida", senão na medida em que essa rapidez está implícita na economia natural do poema; o máximo de expressão controlado pelo mínimo de palavras.

O poema ataca o sujeito

A poesia concreta não é um meio "mais eficaz" de atacar o objeto, porque o "objeto" não pre-existe no poema, mas nasce com êle - o objeto é o poema: o poema ataca o sujeito (o espectador).

A linguagem não tem nenhuma ação direta sôbre o mundo dos objetos a não ser "um sujeito", isto é, na proporção em que o mundo dos objetos, tornado significação, cultura, é já o sujeito.

Modo de realidade

O fundamento da poesia concreta é precisamente essa nova percepção da linguagem não mais apenas como simples referência ao mundo dos objetos e sim como um *modo de realidade* dêsse mundo; o poeta concreto tenta uma nova organização da matéria verbal, fundado em valores que se opõem ao uso da sintaxe subdiscursiva.

O poema começa quando a leitura acaba

O poeta concreto cria "formas significativas", sujeitos verbais: êle "concretiza" a expressão, e dá-lhe uma realidade espacial; na poesia concreta a leitura não permite a "alastração" (*audiência*, diria Sartre) do texto; é função da leitura fundar êste texto: o poema começa quando a leitura acaba...

Poesia e publicidade

Assim, no poema concreto, o leitor é levado ao encontro de um objeto durável — e êste coloca o poema em oposição ao anúncio e aos processos publicitários em geral — onde a linguagem pretende apenas precipitar uma ação do leitor e não criar um objeto para êle.

Objetividade criativa

O poeta concreto não confundirá a objetividade criativa — o controle indispensável na criação de um poema, cuja leitura é a apreciada, pelo leitor,

do funcionamento de sua *Gestalt* — com a objetividade científica que pressupõe um observador isento dos fatôres circunstanciais.

Poesia e subjetividade

O poeta concreto não repele — ou melhor, não pretende repelir — a subjetividade, sem a qual não é possível nenhuma criação. Ele distingue entre o subjetivismo, de que se encontra embebida tôda uma retórica poética cloroformizada, e a subjetividade mesma; distingue entre verbalismo e conhecimento fenomenológico. O poema concreto é o novo meio de se controlar totalmente uma experiência.

Primazia da palavra

O poeta concreto reconhece a responsabilidade da poesia em face da linguagem como fenômeno social. Sua atitude não é idêntica à que determinou as recentes pesquisas lógicas destinadas a *formalizar* a comunicação verbal; ante a síntese de paralisia da linguagem e a comunicação tautológica, o poeta concreto experimenta, vivifica e dinamiza a palavra. Como tarefa social de longo alcance, postula a necessidade de primazia da palavra.

Equívoco cientificista

A linguagem é a atualidade da cultura (Hegel). A poesia é a atualidade da linguagem (poeta concreto). Só um equívoco cientificista levaria a supor que a atualização da linguagem está em sua formalização. A pretensa submissão da poesia à estruturas matemáticas leva o sêlo dêsse equívoco.

Palavra e linguagem

O poeta concreto sabe que existe uma ambiguidade nas relações da palavra com a linguagem: à medida que a linguagem se torna mais geral, a palavra vai sendo substituída por outras formas mais eficazes de notação, como acontece na Lógica Simbólica e na Física-Matemática. A poesia concreta não aspira a ser uma linguagem, mas um modo de atuação sôbre a linguagem verbal em benefício da eficácia da palavra.

Poema concreto

O poema concreto quer ser o novo *habitat* vital da palavra.

Totalidade transcendente

O poema concreto deve valer como uma experiência cotidiana — afetiva, intuitiva — a fim de que não se torne mera ilustração, no campo da linguagem, de leis científicas catalogadas. É preciso não perder de vista que a combinação dos elementos sensoriais da palavra — som, grafia — estará sempre na dependência do que dá vida às relações de expressão "verbal", e nula: de que tôdas as relações estabelecidas tenham em vista uma *totalidade transcendente*; o poema concreto deve ser feito visando a se tornar uma realidade viva e a sua fruição um ato pleno. Ou não valeria a pena escrevê-lo.

Rio de Janeiro 17-6-57.

Ferreira Gullar · Oliveira Bastos · Reinaldo Jardim

POSIÇÃO DOS PAULISTAS

DA FENOMENOLOGIA DA COMPOSIÇÃO À MATEMÁTICA DA COMPOSIÇÃO

haroldo de campos

poesia concreta: produto de uma evolução de formas, implica uma dinâmica, não uma estática. teoria e prática se retificam e se renovam mùtuamente, num circuito reversível. *certo*: compreender a obra em progresso com uma dialética. *errado*: paralisar para compreender.

a forma produzida vale por si própria, como realização + ou — perfeita e acabada: aí se coloca a questão do êxito, do juízo de valor de um dado objeto artístico. a consideração da dinâmica de um movimento é outra coisa: consiste em saber propor à mente criadora os problemas novos suscitados pela continuidade do processo; enxergar o seu vetor de desenvolvimento. esta operação não invalida os êxitos que, porventura, tiverem sido obtidos numa etapa anterior do mesmo processo. redimensiona porém, violentamente, o futuro do ato criativo.

a poesia concreta caminha para a rejeição da estrutura orgânica em prol de uma estrutura matemática ou quase-matemática). 1. é: em vez do poema de tipo palavra-puxa-palavra, onde a estrutura resulta da interação das palavras ou fragmentos de palavras produzidas no campo espacial, implicando, cada palavra nova, uma como que opção da estrutura intervenção + acentuada do acaso e da disponibilidade intuicional), — uma estrutura matemática, planejada anteriormente à palavra. a solução do problema da estrutura é que requererá, então, as palavras a serem usadas, controladas pelo *número temático*. a definição da estrutura que redundará no poema será o momento exato da opção criativa. a partir daí, a intervenção da inteligência disciplinadora e crítica se fará com muito maior intensidade. será a estrutura escolhida que determinará, rigorosa, quase que matemàticamente, os elementos do jôgo e sua posição relativa.

é claro que essa distinção implica uma diferença radical de atitude perante a composição do poema, mais do que, próriamente, uma praxística de trabalho poético exclusiva e excludente. a visão integral da estrutura a ser projetada no papel é algo que qualifica de antemão a tarefa criativa, podendo orientá-la mesmo num caso em que, na prática, a visão da estrutura resulte ou seja provocada por um jôgo inicial de palavra-puxa-palavra, haveria, talvez uma correlação primária de estímulos entre ambos os processos, na pragmática poética. todavia, a simples vontade de conceber o poema como um todo matemàticamente planejado fará, na operação criadora, pender afinal a balança para o lado da racionalidade construtiva.

quanto possível, respeitada a natureza peculiar a cada uma das artes, tenderá a desaparecer a diferença de atitudes discernida muito bem por *mário pedrosa* entre poeta e pintor concreto (1): a fenomenologia da composição cederá a uma verdadeira matemática da composição. o que se pretenderá será realizar, "da maneira a mais precisa possível", a estrutura verbal planejada, com a "nitidez da lógica simbólica", ou com a precisão com que um *pintor concreto* exterioriza sua "idéia visível".

a própria escolha de palavras não se fará mais como um descascamento paulatino da realidade, mas como um vetor-da-estrutura: daí o novo interêsse pela palavra como um dado integral, a ser objetivamente considerado e utilizado em função dessa estrutura, interêsse que sucede ao redescobrimento fenomenológico (por assim dizer) da realidade palavra, consequência: do respeito à integridade das palavras, segue que estas — não as sílabas — serão o elemento básico de composição do poema; desintegração: sòmente quando em estrita função-da-estrutura. palavras simples com circulação viva — estrutura altamente econômica e reduzida. "modéstia tática" (*boules tu webern*); impossibilidade, como hipótese inicial de trabalho rigoroso, do poema de tipo monumental, cuja "longueur" será um apêlo irresistível à quebra do contrôle organizador e um convite às velhas ligaduras sintáticas comprometidas com o ranço discursivo que se pretende rejeitar. à retórica do poema longo — ainda que, numa última tentativa de sobrevivência, arejada artificialmente pelo "pneuma" espacial — se opõe à justa brevidade do poema concreto, donde a importância da experiência elementarista do gomringer, eliminação do poema descritivo: o conteúdo do poema será sempre sua estrutura.

a passagem da fenomenologia da composição à matemática da composição coincide com uma outra passagem: a do orgânico-fisiognômico para o geométrico-isomórfico.

(1) [ilegível]

a ameaça de paralisia da linguagem e a comunicação tautológica, o poeta concreto experimenta, vivifica e dinamiza a palavra. Como tarefa social de longo alcance, postula a necessidade de primazia da palavra.

EQUÍVOCO CIENTIFICISTA

A linguagem é a atualidade da cultura (Hegel). A poesia é a atualidade da linguagem (poeta concreto). Só um equívoco cientificista levaria a supor que a atualização da linguagem está na sua formalização. A pretensa submissão da poesia a estruturas matemáticas leva o selo desse equívoco.

PALAVRA E LINGUAGEM

O poeta concreto sabe que existe uma antinomia imanente nas relações da palavra com a linguagem: à medida que a linguagem se torna mais geral, a palavra vai sendo substituída por outras formas mais eficazes de notação, como acontece na Lógica Simbólica e na Física-Matemática. A poesia concreta não aspira ser uma linguagem, mas sim um modo de atuação sobre a linguagem verbal em benefício da eficácia da palavra.

POEMA CONCRETO

O poema concreto quer ser o novo habitat vital da palavra.

TOTALIDADE TRANSCENDENTE

O poema concreto deve valer como uma experiência cotidiana — afetiva, intuitiva — a fim de que não se torne mera ilustração, no campo da linguagem, de leis científicas catalogadas. É preciso não perder de vista que a combinação dos elementos sensoriais da palavra — som, grafia — estará sempre na dependência do que daí resulte como expressão "verbal", e mais: de que todas as relações estabelecidas tenham em vista uma totalidade transcendente: o poema concreto deve ser feito visando a se tornar uma realidade viva e a sua fruição um ato pleno. Ou não valeria a pena escrevê-lo.

Rio de Janeiro, 17 de junho de 1957

UM ANO DE POESIA CONCRETA PREFÁCIO PARA O SEGUNDO ANO

Reynaldo Jardim — Ferreira Gullar

Os outros poetas brasileiros também sentiam o problema e reagiam: 1) cultivando ao máximo um hermetismo vazio, palavroso; 2) procurando fazer uma poesia clara, acessível, politicamente participante; 3) pesquisando a linguagem em todas as suas possibilidades levando a destruição da sintaxe e dos vocábulos às últimas consequências. Os dois primeiros grupos procuravam escapar do problema específico da linguagem apelando para aspectos conteudísticos físicos ou metafísicos. O terceiro enfrentava aquele problema e colocava a poesia num beco sem saída. Mas foi justamente esse beco sem saída das puras pesquisas formais (onde a crise se evidenciava em toda a sua força) que fez com que um caminho novo se abrisse: reduzir a linguagem à estaca zero para daí construir uma linguagem mais eficiente.

O primeiro marco público dessa crise que abriria o caminho para uma poesia não-abstrata foi o livro *Luta Corporal*, de Ferreira Gullar, onde encontramos as primeiras sementes para uma poesia concreta. Em outros pontos do Brasil, outros poetas faziam experimentos semelhantes. É o caso de Wladimir Dias-Pino em Mato Grosso, com seu grupo Igrejinha, de Sílvia Grossmann (afastada completamente da vida intelectual), de algumas experiências de Reynaldo Jardim ("Vronsk") e, notadamente, do pessoal da revista Noigrandes, Haroldo e Augusto de Campos e Décio Pignatari, que sistematizaram suas experiências no sentido de um movimento renovador. Enfim, de dezenas de poetas brasileiros que procuravam em seus laboratórios domésticos vencer a barreira tradicional do verso.

No início deste ano o SDJB do *Jornal do Brasil* devia conhecimento ao Brasil de uma exposição conjunta de poemas e artes plásticas que fizera vir de São Paulo para os salões do Ministério da Educação. Essa exposição organizada pelos irmãos Campos e Décio Pignatari apresentava poemas de Ferreira Gullar, Ronaldo Azeredo, Wladimir Dias-Pino e dos próprios organizadores.

Há um ou dois anos eram comum encontrarem-se em jornais e revistas declarações de escritores (os mais em evidência) testemunhando o estado degenerescente da poesia brasileira. Dois exemplos. O primeiro tirado de uma entrevista dada à Revista Marco por Vinicius de Moraes: "Estão (os jovens poetas brasileiros) fazendo uma poesia inorgânica. Fria e embaçada. Como uma descarga de gases rarefeito. Amorfa. Sem sexo. Sem virilidade. Pouco solar. Mesmo nos poemas noturnos refletem paisagens estranhas. Não provocam reação. Dão a impressão de uma Sociedade Anônima. São poucos os que têm características definidas como poetas. São poetas de luz artificial". O outro exemplo. Da tese apresentada ao Congresso de Poesia de São Paulo por João Cabral de Melo Neto: "No plano dos tipos poemáticos, tudo o que os poetas contemporâneos obtiveram foi o chamado 'poema' moderno, esse híbrido de monólogo interior e de discurso de praça, de diário íntimo e de declaração de princípios, de balbucio e de hermenêutica filosófica, monotonamente linear e sem estrutura discursiva ou desenvolvimento melódico, escrito quase sempre na primeira pessoa e usado indiferentemente para qualquer espécie de mensagem que o seu autor pretenda enviar. Mas esse tipo de poema não foi obtido através de nenhuma consideração acerca de sua possível função social de comunicação. O poeta contemporâneo chegou passivamente, por inércia, simplesmente por não ter cogitado do assunto. Esse tipo de poema é a própria ausência de construção e organização, é o simples acúmulo de material poético, rico, é verdade, em seu tratamento do verso, da imagem e da palavra, mas atirado desordenadamente numa caixa de depósito".

Esses dois depoimentos dão bem uma visão do estado em que se encontrava a poesia moderna e o que seus mais notórios representantes achavam dela.

Outros poetas com experiências similares às expostas aceitaram o nome "concreto" dado aos poemas exibidos e passaram a trabalhar com mais ânimo, devido à emulação dada ao movimento que surgia. Através das páginas deste Suplemento, o crescimento da poesia concreta se expandiu por todo o território nacional e hoje em dia são muitos os que desenvolveram suas experiências pessoais nesse sentido.

Os acontecimentos mais importantes na vida da poesia concreta nesse seu primeiro ano de existência foram:

— Exposição de poemas concretos no Ministério da Educação.

— Liderança do movimento pelo Suplemento Dominical do Jornal do Brasil.

— Adesão e apoio de Manuel Bandeira ao movimento.

— Cisão teórica do grupo do Rio com o grupo paulista.

— Publicação e explosões de poemas concretos nos principais jornais dos estados brasileiros.

— Recital de poemas concretos, organizado por Diogo Pacheco, no TBC de São Paulo.

— Inclusão de um capítulo e de poemas concretos no livro "Antologia da Poesia Brasileira", de Manuel Bandeira.

Considerado como o principal acontecimento literário de 1957, o "movimento de poesia concreta" ainda não produziu nenhum livro. Para o ano corrente vários volumes estão sendo anunciados.

SDJB, 23 de fevereiro de 1958

POESIA CONCRETA: PALAVRA VIVA

Ferreira Gullar

Depois de um ano de lançado o movimento "concreto" na poesia, continuo incapaz de predizer o seu desenvolvimento futuro, as formas que deva ou não assumir. E não me lamento dessa incapacidade que, em compensação, afastando-me dos exaltados caminhos da profecia, aproxima-me do púcaro onde esse futuro — que não me preocupa — se elabora. Desse modo, não me seria possível, sem leviandade, sacar dessa experiência um catecismo poético. Posso apenas falar das pequenas descobertas que fiz ao tentar expressar-me sem os recursos tradicionais da poesia e — como não podia deixar de ser — sem me perder dos valores essenciais da linguagem verbal.

Observadores superficiais acusaram a poesia concreta de pretender invadir o terreno das artes plásticas e, posta a acusação, fizeram-na alvo fácil de críticas. Mais perigoso que tais críticas para os poetas concretos era de fato que eles valorizassem excessivamente a forma geométrica do poema e as relações puramente visuais dessa forma: era que, fascinados pelo impacto direto da forma no papel, descuidassem do poema como objeto verbal, fruto da linguagem, e por isso sujeito mais às exigências da expressão do que às da simples organização ótica. Não seria o caso de abolir dos poemas concretos a forma geométrica, evidentemente, mas de fazer o poema repousar menos sobre ela que sobre os elementos da linguagem: as palavras como matéria sgnificante e as suas combinações.

Para isso, a atitude do poeta em face da linguagem será aquela mesma recomendada por Sapir aos linguistas: "O linguista não deve cometer o erro de indentificar uma língua com o seu dicionário". Assim, o poeta concreto não irá buscar no dicionário as palavras para o seu poema, como os parnasianos decrépitos iam buscar suas rimas nos dicionários de rimas —, porque o poema será construído com a palavra viva, a palavra carregada de experiência que o poeta traz consigo. Essa atitude primeira em face da criação, no poeta concreto, parece-me fundamental, porque só a palavra viva contêm em si a carga de energia que informará o poema e que fará dele, não uma simplória combinação de palavras, mas um fato no mundo verbal, isto é, no mundo. Será desnecessário, assim, recorrer a outras disciplinas, alheias à natureza da linguagem verbal, para criar o poema.

Embora informulada, essa foi desde os primeiros momentos a minha posição em face dos problemas da poesia concreta. Com a experiência de mais um ano, essa posição se afirma e se clareia, permitindo-me já distinguir pelo menos um elemento objetivo de construção: a repetição. Esse elemento encontra-se pela primeira vez em Eugen Gomringer, muito embora, no meu caso, a repetição não desempenhe uma função que sou tentado a dizer algébrica, como no autor de "constelações". Uso a repetição pela repetição, isto é, para desligar a palavra de suas aderências imediatas, para limpá-la, e em seguida — ou simultaneamente — inserir-lhe uma significação precisa, imediata, concreta.

Para fazer o poema "mar azul", parti, como qualquer poeta, de uma experiência cotidiana: vi um barco azul no mar de águas azuis. Recusando-me às metáforas solicitadas que logo me acudiram, pensei que a repetição pura e simples da palavra "azul" me daria o poema. Repetindo mentalmente a palavra, fui estabelecendo pausas que incidiam de modo irregular para separar os blocos de repetiões. Ao passar o poema para o papel decepcionei-me: as pausas da fala não encontraram equivalentes na escrita, talvez pelo fato de que a vista, abrangendo naturalmente o poema inteiro, logo identificou a igualdade de todas as palavras que o compunham, neutralizando assim em grande parte o efeito das pausas visuais. Compreendi então que, para dar sentido à repetição, era necessário controlá-la de modo mais rigoroso e, para evitar que a repetição diluisse a palavra e a alienasse, devia achar um meio de lhe ir incutindo, simultaneamente, uma significação precisa em lugar da significação geral que a repetição ia aos poucos apagando. Assim surgiram as palavras mar, marco, barco, arco, ar, capazes de "qualificar" a palavra azul e orientá-la para um campo significativo determinado, ao mesmo tempo que modulando-lhe a repetição. Não pretendo dizer que todos esses problemas se me puseram claramente no momento em que fazia o poema porque, se tal tivesse ocorrido, em vez de um poema eu teria certamente escrito uma teoria: presumo, ao retratá-los hoje, que eles estavam implícitos no trabalho de elaboração.

Mas bem. Depois do elemento repetição a descrição acima põe em relevo um novo elemento: o conflito dos extremos da palavra — a matéria sonorovisual e a significação — postos em movimento pela repetição. Seria ingenuidade

admitir como possível separar a palavra material da palavra-
-sentido. O que realmente se dá é, pela repetição, um abrandamento da significação em favor dos valores sensoriais da
palavra. Noutro poema, levei esse abrandamento até um
ponto limite e só então fiz intervir o elemento "qualitativo".
O poema é este:

verde   verde   verde

verde   verde   verde

verde   verde   verde

verde   verde   verde   erva

Num poema anterior fiz uma tentativa onde esse problema aparece explícito. Tomei a palavra "vermelho" e colocan-
do-a no centro da página compus à sua volta dois anéis de
palavras, um, cujos elementos mantinham como "vermelho"
numa relação puramente conotativa — lacre, maçã, alarme,
boca — e outra onde essa relação era sobretudo fonética —
verme, olho, verde, velho. Meu propósito era precipitar no
espaço visual uma tensão nascida do conflito entre as leis
do campo visual (o anel conotativo ficava mais próximo da
palavra "vermelho" que o outro) e as do campo auditivo, se é
que é possível, na leitura de um poema, separar inteiramente os dois campos...

verde

erva verde erva

verde erva verde erva verde

erva

verde erva verde

erva verde erva verde erva

verde

Se o leitor se abstrai da disposição em que as palavras se encontram, perceberá que o poema é apenas a repetição seguida das palavras "verde" e "erva". Mas se obedece às pausas, pronunciando as linhas independentemente, então o poema se enriquecerá de inúmeras variações, entre duas formas limites: "verde erva" para "erva verde". Pode o leitor, depois de tudo, objetar que o que um poema como este lhe dá, no fim das contas, é muito pouco. Sem lhe negar uma parte da razão, acredito que, se se tira da maioria dos poemas discritivos que hoje se fazem por aqui, o que neles há de herança automática, de truques, de lugares-comuns e de influências, muito pouco sobrará como contribuição do autor; talvez sobre em alguns casos a habilidade artesanal e noutros nem sim.

SDJB, 23 de fevereiro de 1958

poeira

manhã   abelha

vermelha

Poema de Reynaldo Jardim, 1959.

FLOR NÃO É A PALAVRA FLOR UM BUQUÊ NÃO É UM POEMA

Reynaldo Jardim

Não sei se é importante que um homem seja sincero consigo mesmo ou se é mais importante que seja sincero para com os outros. Há quem saiba ser importante a sinceridade. E muitos dos que acham isso, acham que a poesia concreta é falsa e seus "fabricantes", falsificadores. A gente não devia dar importância a essas pessoas, mas acontece que algumas dessas pessoas são importantes para nós. E, certamente, a opinião dessa gente, importante para nós, vale alguma coisa.

Ora, você vai e faz um poema concreto. Qualquer um pode fazê-lo. Qualquer pessoa pode fazer um soneto ou uma balada. Basta que tenha aprendido. Afinal todos nós aprendemos aquilo que desejamos, desde que tenhamos capacidade para aprender e tenhamos um mínimo de boa vontade. O principal é que aprenda a gostar daquilo que faz. Não para fazer coisas boas, mas para que seja feliz fazendo aquilo de que gosta. Assim será mais fácil fazer coisas boas.

Um carpinteiro (os carpinteiros são seres geniais) não faz cadeiras para ficar imortalizado nem para entrar na história. É preciso fazer cadeiras nas quais seja confortável sentar. Hoje em dia, para mim pelo menos, é impossível sentar num alexandrino, mesmo que tenha acento na quinta e na nona. Durante muito tempo ouvi ser essencial a um poema ritmo e melodia. Eu sempre gostava de fazer poemas, alguns com ritmo e melodia, e confesso que foram os piores que fiz. O ritmo eu ainda vou com ele, mas a melodia para mim é insuportável. Não é insuportável como beringela ou beterraba (duas palavras bonitas de gosto intragável) mas é insuportável porque não consigo entender as coisas aguadas ou fluídas.

Uma coisa ou é no instante em que é ou perde sentido. Melodia, para ser, tem que desfilar ondulando e nós detestamos as coisas impalpáveis. A palavra não. Ela está ali. O importante é respeitá-la. Não juntá-la a outra e mais outra e fazer com que se torne fluída. É preciso respeitá-la como um ser de existência real e viva. você olha a palavra e ela está dizendo toda sua forma e com a forma seus significados. Uma palavra é algo tão grande que nem o poeta tem o direito de violar a significação de sua forma. Por isso não devemos dizer que o céu é um anjo de asas abertas. Devemos dizer apenas céu, ou faca ou verde.

Mas ao dizer verde estamos dizendo uma coisa abstrata, por isso é preciso repetir tantas vezes verde até que você entenda que é verde mesmo. Quando você tiver entendido isso, ele diz erva e fecha seu campo de imaginação.

Você pode ter na mão um pequeno objeto pobre, mas é um objeto perfeito, acabado, que você pode pôr no bolso e mostrar a qualquer pessoa. Um dia eu escrevi uma porção de poemas que procuravam reproduzir a linguagem dos homens das cavernas. Então eu virei homem da caverna e passei a falar (sozinho) como os homens da caverna deveriam ter falado. Eu mesmo não entendia. Mas se um homem das

cavernas falasse com você, você também não entenderia. Tenho um verso na cabeça: "Vronsk terfuri sincra despre vont".
O Oliveira Bastos, um dia (está fazendo um ano), levou para
ler e nunca mais devolveu os originais. Quando escrevi eu não
suportava mais a linguagem como ela é, e misturei tudo. Mas
como era difícil ensinar todo mundo a falar a nova linguagem
que eu havia inventado, me conformei e continuei falando a
língua de todo mundo. E também eu tinha urgência de dizer
uma porção de coisas que as outras pessoas precisavam ouvir
e comecei a dizê-las por escrito. Falei durante dois livros e não
adiantou nada.

Os pobres continuaram a ser ultrajados, a terceira guerra
mundial está armada, as mães continuam parindo (como diz
a Bíblia) seus filhos na lama das favelas. Donde se conclui que
minha poesia dita social faliu. Acontece que eu continuo querendo salvar o mundo (ou pelo menos uma parte do mundo).

Eu estava falando uma linguagem e ninguém estava ou-
vindo. Continuo falando outra linguagem e continuo a não
ser ouvido. A diferença é que com a primeira já está provado
que ninguém me ouvirá. E a segunda ainda está tão no começo que existe a possibilidade de ela melhorar e de aquilo
que eu disser atravessar o coração até do piloto que jogou a
bomba em Hiroshima. Se estavamos aprendendo a escrever
de novo, é preciso que não pensemos em coisas muito profundas. Nós temos que ser o mais humildes possível, para ser-
mos entendidos pelas pessoas de sensibilidade epidérmica.
Faça de conta que você que você não conhece nada de poesia
ou de coisa alguma. Você é um ser sem preconceitos e lê isto:

<pre>
        ele   ela
                elo
        anel   anelo
</pre>

É uma coisa simples. Qualquer pessoa tem que gostar disso, desde que seja uma pessoa tão simples quanto isso. É um poema de amor e poderia muito bem servir de cartaz para o dia dos namorados. É muito mais fácil de entender do que toda a poesia abstrata circulante.

Outro dia fui passar umas feriazinhas aí pelo interior de São Paulo. Vi coisas que há muito tempo não via: chão, céu, vacas, couve-flor, cores e frutos e verduras. E sobre a paisagem a violência do céu branco. Escrevi um poema. Outros poetas concretos detestam essas coisas. Acham que o que a gente vê, sente, cheira, lembra, ama, etc., não vale para a poesia concreta. Acham que o importante é a forma e não o conteúdo. Até hoje não consegui entender isso. O desenho de uma casa não se confunde com o desenho de um tamanduá, mas a palavra "casa" por escrito se confunde com uma porção de outras coisas, com o verbo "casar", por exemplo. Logo a palavra "casa" em si não vale nada em sua forma, porque seu campo de significados não é limitado. Não é a forma de uma palavra que condiciona a estrtutura de um poema, nem é a estrutura de um poema que condiciona as palavras de um poema, qualquer que seja ele, concreto ou não. O que condiciona a forma de um poema são (para mim) as relações de sentido que uma palavra tem com outra.

Um poema (?) assim não vale nada:

trapo   tropa

tripa   tropo

Porque as relações existentes entre as palavras são meramente de aspecto formal. E não se prendem a nenhuma vivência minha.

Agora, como comecei a dizer e depois interrompi, meu reencontro com a paisagem me deu um poema. Acho que ele vale alguma coisa, porque é resultante de uma experiência pessoal de vida. Ele sairá brevemente em livro, estando cada ideograma (oh, perdão) em página diferente. Aqui, onde não há páginas de livro, vai tudo em seguida:

amarelo

vermelho

esmeralda

                      branco

violeta

---

limão

maçã

alface

                      branco

violeta

---

girassol

tomate

manga

                      branco

violeta

laranja

caju

agrião

              branco

violeta

---

amarelo

vermelho

esmeralda

              branco

violento

Já esse outro poema que mostro logo a seguir me aborrece um pouco porque é pobre de expressão humana. Essa palavra "humana" também aborrece um pouco todo mundo, então eu diria que ele não possui carga vital. É um poema calculado em mesa de arquiteto. Consiste numa forma de três dimensões que se desloca sobre si mesma numa projeção de noventa graus, de maneira que a proporção que essa forma se levante sofre uma transformação radical em seu conjunto, apenas porque as palavras permanecem na horizontal, como todas as palavras que se prezam.

Quando a projeção se realiza integralmente, os sinais da base inferior foram transpostos naturalmente para a base superior. Todo o poema sofreu uma inversão total em seus elementos.

Eu teria sido mais poeta se tivesse criado dentro desse esquema algo mais rico em substância que olho-alvo, alvo-olho. Mas a gente vai fazendo o que pode. Por mim, continuo achando que devemos procurar fazer as coisas como gente e não como técnicos.

É mais difícil, mas que diabo, o mundo não é quadrado.

SDJB, 23 de fevereiro de 1958

ôlho

ôlho   alvo   ôlho   alvo   alvo   alvo

alvo   ôlho   ôlho   ôlho   ôlho

alvo   ô!ho   alvo   alvo

---

alvo   ôlho

alvo   alvo

ôlho   alvo   ôlho   alvo   ôlho

ôlho   alvo   ôlho   alvo

alvo   ôlho   ôlho

---

alvo   ôlho   alvo

ôlho   alvo

ôlho   alvo   ôlho

BALLET CONCRETO: ARTE NOVA

[Sem crédito]

Com a estreia do *Ballet Contemporâneo* de Gilberto Mota no teatro do Copacabana Palace, quando se apresentou o *Ballet Concreto* de Lygia Pape e Reynaldo Jardm, o movimento concretistas conseguiu uma das suas mais expressivas vitórias, afirmando em novo campo de expressão da estética as possibilidades de uma linguagem de puras formas. Naquela noite — que sem exagero ficará como um marco definitivo das artes visuais brasileiras —, o público que ali fora talvez levado por mera curiosidade assistiu deslumbrado a um espetáculo novo, de alta carga poética, que o fez vibrar e aplaudir sem reservas, quando os cilindros e paralelepípedos laranja e branco começaram a mover-se numa dança rigorosa e fascinante.

O *Ballet Concreto* foi concebido juntamente por Reynaldo Jardim e Lygia Pape, por sugestão de Gilberto Mota. O poeta e a gravadora, deixando de lado todas as experiências anteriores no campo da dança, idealizaram um ballet em que a figura do bailarino fosse substituída por formas geométricas exatas e tendo seu movimento controlado — no caso — por um poema "rotativo" de Jardim, "alvo-olho". Uma vez que o movimento dos corpos deixaria de ser contínuo e melódico para se tornar descontínuo, como segmentos de reta, também o acompanhamento musical não poderia ser como de costume. Recorreram à música eletrônica e adaptaram um trecho de composição de Michel Philipott, que dava bem a ideia dessa descontinuidade rítmica e de exatidão das partes isoladas, que se harmonizavam segundo um critério que já não é o de linha melódica contínua. Os bailarinos ficariam dentro das formas e agiriam como motor. Dado o caráter experimental do trabalho, experiência original que não se podia valer de qualquer referência anterior, o *Ballet Concreto* exigiu muito de seus organizadores e até as vésperas de sua apresentação pública, mesmo entre as pessoas mais chegadas a Lygia e Jardim, nascera uma expectativa não muito confiante. Dessa expectativa, ao que pude perceber, participavam os próprios inventores do *Ballet Concreto*. E a expectativa ia se acentuando à medida que se aproxima o momento culminante, quando a cortina se abriria para apresentar ao público a nova tentativa dos concretistas. E havia mais, em face da intolerância do meio no que diz respeito à arte concreta em geral — pintura, escultura, gravura, poesia e música —, aquela tentativa punha em jogo o prestígio já conquistado, a sangue e fogo, pelas outras expressões concretas. Mas o pano se abriu e o espetáculo começou.

Quando o pano se abriu, uma claridade tênue veio se acendendo aos poucos e com ela nasciam e se definiam, num espaço impreciso, as superfícies, as arestas e em seguida as cores e as formas. A claridade crescia e as formas que se desembrulhavam das sombras iam ganhando uma nitidez, uma precisão inesperada: como um som que alteia e afina, alteia e afina, até alcançar o ponto que parece inacreditável, impossível. Nem bem alcançando esse clímax, as formas começam a mover-se, lentas, e súbito o laranja e o branco se acentuam e elas se dispersam pela cor. Voltam de novo à imobilidade, agora em grupos mesclados, cubos e cilindros, em conjuntos de três. A música desde o inicio acentua o conflito das curvas e das arestas. E a invenção formal contínua, espontânea: são dois paralelepípedos que se isolam em oposição ao conjunto posto todo em fila para o fundo do palco: aglutinam-se depois: agora são os cilindros brancos que se descolam do grupo e avançam, num silêncio de nuvem, pelo espaço. O público assiste em suspenso. Como um jogo mágico: o mundo das formas coloridas ganha vida para encantar um espaço que não é mais o mesmo onde até bem pouco os dançarinos rodopiavam. Que dignidade, que monumentalidade naquele conjunto de cilindros e paralelepípedos laranja e branco! Que fascínio nas relações espaciotemporais que se fazem refazem com uma riqueza espantosa! Que rigorosa e intensa poesia!

Naquela noite de segunda-feira, no Copacabana Palace, uma centena de pessoas assistiu ao nascimento de uma nova linguagem visual — o Ballet Concreto.

SDJB, 31 de setembro de 1958

Lygia Pape no Ballet Concreto, 1958.

BALLET CONCRETO

Reynaldo Jardim

Sem bailarinos porque pretende-se seja por si mesmo eficiente. Nada além do que do ballet se considera específico. Ainda se pretende: que a si próprio se baste sem que a tradução através de interpretação seja requerida. O aqui expresso pode ser estendido ao teatro em geral: até hoje, mesmo em suas modalidades mais avançadas, vivendo da interpretação dada pelo diretor ou pelo autor. Quem interpreta: distorce, altera, deturpa. Em suma: esconde a verdade do original, apresentando em cena o modo pessoal de sentir ou compreender não mais do autor. O trabalho do diretor e ator vem sendo através do tempo uma criação em cima da criação original; dessa maneira podemos saber, assistindo a um espetáculo, a verdade da concepção original. É em busca de uma realidade teatral pura que se faz presentemente a tentativa de uma ballet concreto e mais tarde uma tentativa de peça teatral concreta, onde o texto não poderá, por exigências próprias, sofrer interpretações de espécie alguma.

A posição do ballet concreto é a mesma, no campo estético, das outras artes concretas: construção-mais e não construção-menos. Explica-se: construir o edifício e não mais construir o caos pela demolição do edifício. Uma vanguarda radicalmente oposta à tachista. Em lugar de se conformar com a desordem do mundo atual, adotando idêntica atitude nas artes, numa romântica posição de super-personalismo, estabelecer a franca oposição ao caótico, ao individualismo exacerbado pela imposição do senso construtivo. Nítida posição de esquerda, mas não a esquerda lírica e caduca do realismo-socialista. Uma esquerda que caminha para frente e não para trás. Uma esquerda em permanente revolta contra os que pretendem fazer da arte instrumento de alguma coisa que não seja a arte mesma. E, em nosso caso, é isso que pretendemos: apresentar: não a anedota dançada que Hollywood industrializou e no palco recebeu o nome de ballet moderno, apenas porque caricaturiza a vida moderna ao ritmo de jazz, ou do que quer que seja, numa ingênua suposição de que arte moderna é aquela que encena episódios da vida moderna. A suposição abrange também os poetas que julgam ser esteticamente atuais porque acrescentam ao arsenal vocabular energia atômica, jogo do bicho, rock, etc. Essa constante subordinação da arte ao cotididano, ao político, à gíria corrente, coloca a arte sempre num terreno de dependência, quando a função da arte é criar os elementos para um mundo novo e não usar os elementos de um mundo efêmero. É isso que pretendemos: no palco a construção de uma estrutura dinâmica, criando à proporção que se desloca, uma dança coordenada, criadora móvel de novas estruturas, numa multiplicação de formas globais capazes de estabelecer pela harmônica mecânica uma riqueza plástica em movimento, constituindo esse mecanismo de movimentos extaos o ballet do ballet.

A estrutura obedecida pelo ballet concreto que Gilberto Mota apresentará no Teatro Copacabana é a mesma do poema publicado na edição de 23 de fevereiro de 1958 deste Suplemento: alvo-olho. Isso não quer dizer que os espectadores verão o poema no palco. Verão apenas a estrutura daquele poema desevolver-se, autocorrigir-se, passando assim pelas cinco fases componentes da estrutura geral. Evidentemente não será necessário que o ballet concreto lance mão sempre de um poema concreto para seguir-lhe a estrutura. No caso, o que houve foi uma perfeita adequação dos interesses formais do poema e do interesses formais do ballet.

Entre usar a mecânica da máquina e a mecânica do homem, optamos pela segunda, fazendo com que uma certa imprecisão rigorosa dominasse o ballet. Dessa forma, o motor dos volumes será um homem exercitado na técnica de locomover-se com exatidão. Assim, cada volume será movimentado por um motor-humano. Essa nossa preferência deve ser levada em conta do sentido de auto-preservação que todos nós temos.

Por isso, pelo menos, os artistas devem tratar de prolongar ao máximo o domínio do homem no ballet, porque depois de tanto tempo da revolução industrial a máquina volta a nos assustar. Se em lugar do motor-humano usássemos motores-cibernéticos, estaríamos dando uma chance muito grande ao inimigo. Mesmo em prejuízo da arte não podemos fazer isso.

SDJB, 3 de agosto de 1958

                                pano

         verde

                                               campo

                      vivo

                    Poema de Ferreira Gullar, 1959.

MANIFESTO NEO CONCRETO

Amílcar de Castro
Ferreira Gullar
Franz Weissmann
Lygia Clark
Lygia Pape
Reynaldo Jardim
Theon Spanudis

A expressão neoconcreto é uma tomada de posição em face da arte não-figurativa "geométrica" (neoplasticismo, construtivismo, suprematismo, Escola de Ulm) e particularmente em face da arte concreta levada a uma perigosa exacerbação racionalista. Trabalhando no campo da pintura, escultura, gravura e literatura, os artistas que participam desta *I Exposição Neoconcreta* encontraram-se, por força de suas experiências, na contingência de rever as posições teóricas adotadas até aqui em face da arte concreta, uma vez que nenhuma delas "compreende" satisfatoriamente as possibilidades expressivas abertas por estas experiências.

Nascida com o cubismo, de uma reação à dissolvência impressionista da linguagem pictórica, era natural que a arte dita geométrica se colocasse numa posição diametralmente oposta às facilidades técnicas e alusivas da pintura corrente. As novas conquistas da física e da mecânica, abrindo uma perspectiva ampla para o pensamento objetivo, incentivariam, nos continuadores dessa revolução, a tendência à racionalização cada vez maior dos processos e dos propósitos da pintura. Uma noção mecanicista de construção invadiria a linguagem dos pintores e dos escultores, gerando, por sua vez, reações igualmente extremistas, de caráter retrógrado como o realismo mágico ou irracionalista como Dadá e o surrealismo. Não resta dúvida, entretanto, que, por trás de suas teorias que consagravam a objetividade da ciência e a precisão da mecânica, os verdadeiros artistas — como é o caso, por exemplo, de Mondrian ou Pevsner — construíam sua obra e, no corpo-a-corpo com a expressão, superaram, muitas vezes, os limites impostos pela teoria.

Mas a obra desses artistas tem sido até hoje interpretada na base dos princípios teóricos, que essa obra mesma negou. Propomos uma reinterpretação do neoplasticismo, do construtivismo e dos demais movimentos afins, na base de suas conquistas de expressão e dando prevalência à obra sobre a teoria. Se pretendermos entender a pintura de Mondrian pelas suas teorias, seremos obrigados a escolher entre as duas. Ou bem a profecia de uma total integração da arte na vida cotidiana parece-nos possível e vemos na obra de Mondrian os primeiros passos nesse sentido ou essa integração nos parece cada vez mais remota e a sua obra se nos mostra frustrada. Ou bem a vertical e a horizontal são mesmo os ritmos fundamentais do universo e a obra de Mondrian é a aplicação desse princípio universal ou o princípio é falho e sua obra se revela fundada sobre uma ilusão. Mas a verdade é que a obra de Mondrian aí está, viva e fecunda, acima dessas contradições teóricas. De nada nos servirá ver em Mondrian o destrutor da superfície, do plano e da linha, se não atentamos para o novo espaço que essa destruição construiu.

O mesmo se pode dizer de Vantongerloo ou de Pevsner. Não importam que equações matemáticas estão na raiz de uma escultura ou de um quadro de Vantongerloo, desde que só à experiência direta da percepção a obra entrega a "significação" de seus ritmos e de suas cores. Se Pevsner partiu ou não de figuras da geometria descritiva é uma questão sem interesse em face do novo espaço que as suas esculturas fazem nascer e da expressão cósmico-orgânica que, através dele, suas formas revelam. Terá interesse cultural específico determinar as aproximações entre os objetos artísticos e os instrumentos científicos, entre a intuição do artista e o pensamento objetivo do físico e do engenheiro. Mas, do ponto de vista estético, a obra começa a interessar precisamente pelo que nela há que transcende essas aproximações exteriores: pelo universo de significações existenciais que ela a um tempo funda e revela.

Malevitch, por ter reconhecido o primado da "pura sensibilidade na arte", salvou as suas definições teóricas das limitações do racionalismo e do mecanicismo, dando a sua pintura uma dimensão transcendente que lhe garante hoje uma notável atualidade. Mas Malevitch pagou caro pela coragem de se opor, simultaneamente, ao figurativismo e à abstração mecanicista, tendo sido considerado até hoje, por certos teóricos racionalistas, corno um ingênuo que não compreendera bem o verdadeiro sentido da nova plástica. Na verdade, Malevitch já exprimia, dentro da pintura "geométrica" uma insatisfação, uma vontade de transcendência do racional e do sensorial que hoje se manifesta de maneira irreprimível.

O neoconcreto, nascido de uma necessidade de exprimir a complexa realidade do homem moderno dentro da linguagem estrutural da nova plástica, nega a validez das atitudes cientificistas e positivistas em arte e repõe o problema da expressão, incorporando as novas dimensões "verbais" criadas pela arte não-figurativa construtiva. O racionalismo rouba à arte toda a autonomia e substitui as qualidades intransferíveis da obra de arte por noções da objetividade científica: assim os conceitos de forma, espaço, tempo, estrutura — que na linguagem das artes estão ligados a uma significação existencial, emotiva, afetiva — são confundidos com a aplicação teórica que deles faz a ciência. Na verdade, em nome de preconceitos que hoje a filosofia denuncia (M. Merleau-Ponty, E. Cassirer, S. Langer) — e que ruem em todos os campos, a começar pela biologia moderna, que supera o mecanismo pavloviano — os concretos racionalistas ainda vêem o homem como uma máquina entre máquinas e procuram limitar a arte à expressão dessa realidade teórica.

Não concebemos a obra de arte nem como "máquina" nem como "objeto", mas como um quasi-corpus, isto é, um ser cuja realidade não se esgota nas relações exteriores de seus elementos; um ser que, decomponível em partes pela análise, só se dá plenamente à abordagem direta, fenomenológica. Acreditamos que a obra de arte supera o mecanismo material sobre o qual repousa, não por alguma virtude extraterrena: supera-o por transcender essas relações mecânicas (que a Gestalt objetiva) e por criar para si uma significação tácita (M. Ponty) que emerge nela pela primeira vez. Se tivéssemos que buscar um símile para a obra de arte, não o poderíamos encontrar, portanto, nem na máquina nem no objeto tomados objetivamente, mas, como S. Lanoer e W. Wleidlé, nos organismos vivos. Essa comparação, entretanto, ainda não bastaria para expressar a realidade específica do organismo estético.

É porque a obra de arte não se limita a ocupar um lugar no espaço objetivo — mas o transcende ao fundar nele uma significação nova — que as noções objetivas de tempo, espaço, forma, estrutura, cor etc não são suficientes para compreender a obra de arte, para dar conta de sua "realidade". A dificuldade de uma terminologia precisa para exprimir um mundo que não se rende a noções levou a crítica de arte ao uso indiscriminado de palavras que traem a complexidade da obra criada. A influência da tecnologia e da ciência também aqui se manifestou, a ponto de hoje, invertendo-se os papéis, certos artistas, ofuscados por essa terminologia, tentarem fazer arte partindo dessas noções objetivas para aplicá-las como método criativo. Inevitavelmente, os artistas que assim procedem apenas ilustram noções a priori, limitados que estão por um método que já lhes prescreve, de antemão, o resultado do trabalho. Furtando-se à criação espontânea, intuitiva, reduzindo-se a um corpo objetivo num espaço objetivo, o artista concreto racionalista, com seus quadros, apenas solicita de si e do espectador uma reação de estímulo e reflexo: fala ao olho como instrumento e não olho como um modo humano de ter o mundo e se dar a ele; fala ao olho-máquina e não ao olho-corpo.

É porque a obra de arte transcende o espaço mecânico que, nela, as noções de causa e efeito perdem qualquer validez, e as noções de tempo, espaço, forma, cor estão de tal modo integradas — pelo fato mesmo de que não preexistiam, como noções, à obra — que seria impossível falar delas como de termos decomponíveis. A arte neoconcreta, afirmando a integração absoluta desses elementos, acredita que o vocabulário "geométrico" que utiliza pode assumir a expressão de realidades humanas complexas, tal como o provam muitas das obras de Mondrian, Malevitch, Pevsner, Gabo, Sofia Taueber-Arp etc. Se mesmo esses artistas às vezes confundiam o conceito de forma-mecânica com o de forma-expressiva, urge esclarecer que, na linguagem da arte, as formas ditas geométricas perdem o caráter objetivo da geometria para se fazerem veículo da imaginação. A Gestalt, sendo ainda uma psicologia causalista, também é insuficiente para nos fazer compreender esse fenômeno que dissolve o espaço e a forma corno realidades causalmente determináveis e os dá como tempo — como espacialização da obra. Entenda-se por espacialização da obra o fato de que ela está sempre se fazendo presente, está sempre recomeçando o impulso que a gerou e de que ela era já a origem. E se essa descrição nos remete igualmente à experiência primeira — plena — do real, é que a arte neoconcreta não pretende nada menos que reacender essa experiência. A arte neoconcreta funda um novo "espaço" expressivo.

Essa posição é igualmente válida para a poesia neoconcreta que denuncia, na poesia concreta, o mesmo objetivismo mecanicista da pintura. Os poetas concretos racionalistas também puseram como ideal de sua arte a imitação da máquina. Também para eles o espaço e o tempo não são mais que relações exteriores entre palavras-objeto. Ora, se assim é, a página se reduz a um espaço gráfico e a palavra a um elemento desse espaço. Como na pintura, o visual aqui se reduz ao ótico e o poema não ultrapassa a dimensão gráfica. A poesia neoconcreta rejeita tais noções espúrias e, fiel à natureza mesma da linguagem, afirma o poema como um ser temporal. No tempo e não no espaço a palavra desdobra a sua complexa natureza significativa. A página na poesia neoconcreta é a espacialização do tempo verbal: é pausa, silêncio, tempo. Não se trata, evidentemente, de voltar ao conceito de tempo da poesia discursiva, porque enquanto nesta a linguagem flui em sucessão, na poesia neoconcreta a linguagem se abre em duração. Conseqüentemente, ao contrário do concretismo racionalista, que toma a palavra como objeto e a transforma em mero sinal ótico, a poesia neoconcreta devolve-a à sua condição de "verbo", isto é, de modo humano de presentação do real. Na poesia neoconcreta a linguagem não escorre: dura.

Por sua vez, a prosa neoconcreta, abrindo um novo campo para as experiências expressivas, recupera a linguagem como fluxo, superando suas contingências sintáticas e dando um sentido novo, mais amplo, a certas soluções tidas até aqui equivocadamente como poesia.

É assim que, na pintura como na poesia, na prosa como na escultura e na gravura, a arte neoconcreta reafirma a independência da criação artística em face do conhecimento prático (moral, política, indústria etc).

Os participantes desta *I Exposição Neoconcreta* não constituem um "grupo". Não os ligam princípios dogmáticos. A afinidade evidente das pesquisas que realizam em vários campos os aproximou e os reuniu aqui. O compromisso que os prende, prende-os primeiramente cada um à sua experiência, e eles estarão juntos enquanto dure a afinidade profunda que os aproximou.

SDJB, 21 de março de 1959

franja   franja   brisa

franja   brisa

franja

Poema de Theon Spanudis, 1960.

POESIA NEO CONCRETA

Theon Spanudis

Este livro é dedicado a Ferreira Gullar, cujo poema "árvore", publicado pela primeira no SDJB de 29 de maio de 1958, abriu todo um novo caminho de criação espacial no campo da poesia que abandonou o verso e a sintaxe tradicional, e incluiu o espaço gráfico na página como elemento constitutivo da realização poética.

Gomringer (*Kontellationen* 1 e 2, 1953 e 1955) foi o primeiro a realizar rigorosamente o poema transsintático, que transpassava a sintaxe tradicional, usando as palavras empregadas de tal maneira que ganham valores sintáticos complementares, verbos adquirindo funções de substantivos também, substantivos adquirindo funções de verbos também (claramente visível nos poemas compostos exclusivamente de verbos, onde o leitor está obrigado de emprestar-lhes compensatoriamente caráter de substantivos, o oposto acontecendo com os poemas compostos exclusivamente de substantivos). uma vez que as palavras utilizadas neste seu novo aspecto pré-ou-pós-sintático tornam-se de valor sintático igual, tornam-se consequentemente também alteráveis na sua colocação e posição sintática.

Gomringer criou com esta operação o novo espaço sintático, muito mais amplo e por assim dizer polidimensional, ou se nós queremos, a-dimensional, em comparação com o espaço sintático tradicionalmente fixado na perspectiva triangular de: sujeito, verbo, objeto. A beleza de um poema de Gomringer consiste justamente na existência real deste novo espaço sintático e da liberdade criativa que este espaço proporciona na escolha da composição sintática, dentro do contexto escolhido. O leitor participa desta liberdade criativa, recebendo até às vezes como que amostras do jogo organizatório de outras combinações sintáticas (exemplo de inversão). Ciente de que este novo espaço sintático teria também a sua repercussão no espaço gráfico e sublinhando a importância do último nos seus artigos teóricos, limitou-se ele à realização do primeiro. Pelo menos no seu primeiro volume de poesia, ele não se aventura muito na experimentação do espaço gráfico.

Jovens poetas brasileiros atiraram-se a esse tipo de experimentação. Infelizmente, a maioria desses experimentos caiu numa imitação ao pé da letra da pintura não-figurativa e de cunho geometrizante, construindo formas geométricas na página, interessantes talvez do ponto de vista óptico, com os seus "desdobramentos" e "triângulos vibráteis", às vezes até luxuosos como tapetes decorativos, mas que pertencem muito mais ao campo das artes gráficas do que da poesia, uma vez que a palavra utilizada funciona quase que meramente como material gráfico, perdendo assim qualquer sentido de palavra viva e comunicável, decorrente de uma experiência poética. Outros continuaram com o uso servil do espaço gráfico iniciado por Mallarmé, e cuja única finalidade é a de destacar o valor de palavras ou ideias e conseguir a hierarquização das mesmas.

Gullar, com o poema "árvore", iniciou um novo tipo de criação espacial, que consideramos extremamente importante. A espacialização decorre da própria rítmica ou pulsação, não do verso, uma vez que este foi abandonado, mas da vivência poética mesma. É a própria tempórica da vivência poética que se substancializa em espaço vivo. Este tipo de criação espacial é absolutamente orgânico, inseparável da realização poética, e não sofre dos artifícios mecanicistas-ópticos. De certo modo, poderíamos dizer que o poema não é simplesmente composto dentro do espaço gráfico, aproveitando-se do mesmo para finalidades ópticas-estetizantes, ou hierarquizantes, mas que o espaço gráfico da página é composto, criado, dentro do poema e pelo poema, saindo com isto do seu papel neutro ou passivo, e tornando-se espaço vivo, comunicável como gesto, expressivo como a palavra viva e inseparável da mesma. Gullar, com este seu passo, libertou a poesia espacial do impasse criado pelos árduos imitadores da pintura abstrata, ganhando de novo para este tipo de poesia a naturalidade fluente e expressional, e aproximando-a de novo a toda verdadeira poesia, tanto do passado como do presente, naturalmente dentro dos limites das características específicas dela, que são: a) uso mínimo de meios discursivos (palavras, sintaxe), e em compensação b) amplo uso da expressividade espacial. Com este seu passo, Gullar foi também em certo sentido além de Gomringer, abandonando num grau maior os meios discursivos do último e um certo artificialismo sintático (naturalmente no seu novo sentido) e criando pela primeira vez a verdadeira comunicação espacial.

A grande maioria dos poemas reunidos neste volume foi realizada depois de "árvore" de Gullar e das possibilidades espaciais que essa publicação abriu. Se alguns dos poemas sugerem como que uma figuração objetal, isto não deve ser confundido com tendências caligrâmicas ou propósitos semelhantes. Várias vezes a própria rítmica da vivência poética, com a sua riqueza de gestos e impulsos espaciais-locomotores, tende a uma realização espacial que pode até coincidir com alguns aspectos visuais do objeto ou da vivência dele.

Prefácio do livro Poemas, de Theon Spanudis (Coleção Espaço, volume 2, 1959), reproduzido no SDJB, 21 de março de 1959.

BALLET NEO CONCRETO

Lygia Pape

Um ballet neoconcreto se distingue de mais nada pelo seu caráter espaço-temporal.

Em síntese, ballet significaria: uma dinâmica realizada no palco por um ou mais elementos, seguindo um roteiro coreográfico e dentro de uma unidade absoluta: fenômeno sinérgico. Essa unidade não implica o uso de todos os elementos formadores de um ballet (figura ou formas, música, luz, cor), mas sim a necessidade lógica de todos os elementos usados estarem íntima e necessariamente dependentes uns dos outros, formarem um todo orgânico e global. Mas, mesmo essa unidade funcionaria com o conceito de figura-fundo: formas isoladas, solitárias, contra a rotunda ou cenário. Mesmo no caso de formas iguais (serial) em que existe uma certa relação de repetição, mesmo aí, o espaço que rodeia esses sólidos continuaria vazio sem nenhuma densidade e significação — morto.

A Ópera da Pequim, quando aqui esteve, em certas cenas, mostrou o conceito diverso que tem do espaço. O gesto do bailarino transmitia ao ar um sentido de coisa viva, tornava-o vibrátil, eletrizado pelo movimento expressional, e então esse espaço não esmagava a figura do homem, passava a fazer parte do próprio gesto, da própria figura, e o espetáculo se realizava como um todo.

A experiência de Schlemmer — tentando vitalizar o espaço por meio de varas amarradas aos braços do bailarino e que prolongariam a ação do gesto pelo espaço, resultou insatisfatória. Na França, mais recentemente, surge a experiência de Schoffer, introduzindo no palco uma cultura "spatiodynamique", juntamente à figura humana — não consegue conjungá-los, pois a escultura revela-se somente como um cenário móvel, deslocável dentro da área do palco, podendo a figura humana entrar com ela em evoluções mais ou menos curiosas. Seria somente um dueto entre o homem e a máquina. Na realidade, Schoffer não criou um novo "ser dançante", independente e expressivo por si só, mas somente um monstro cibernético dotado de movimentos e necessitando ainda do auxílio da figura humana. O robot dançarino ilustraria simplesmente o cenário e o homem dançarino estaria epetindo o ballet convencionalmente explorado.

A experiência neoconcreta, dinamizando o espaço, transmitindo valores iguais ao positivo-negativo, nos dá uma integração orgânica: o espaço entre os sólidos se torna forma num desenvolvimento lógico, contínuo, conferindo-lhe sentido novo e poético mesmo. Quando se pensa nesses termos, imediatamente chega-se à destruição ou transformação do conceito acadêmico de organização do palco, em geral formado por duas faixas horizontais, e que a boca de cena, sempre retangular e monótona, não permite uma ligação orgânica e imediata com a função a ser mostrada. Em primeiro lugar, temos uma barra inferior ao nível do solo, onde se movem atores ou volumes, e uma faixa superior — o vazio absoluto, comprimindo a faixa de baixo e destruindo a unidade de construção, de ação e, consequentemente, a experiência visual. O problema do espaço deveria, portanto, ser exprsso em termos de bidimensionalidade ou, melhor ainda, como um espaço esférico.

O ballet neoconcreto se desenvolve dentro desse espaço, numa sucessão de tensões e pausas e novas tensões, os sólidos construindo e desfazendo as relações numa inventiva controlada e regida pelo tempo, fator que surge realizando a integração na mecânica do movimento (coreografia) da concepção plástica. O espaço do palco se transforma em planos bidimensionais que se interpenetram e se isolam pelo próprio desenvolver da coreografia em ritmos alternados.

A luz transforma os sólidos e o próprio espaço em estruturas luminosas. A cor e suas variações de intensidade e projeção ritmada acentua e marca aquelas tensões de espaço-forma dentro de uma pureza formal: linguagem mais universal.

SDJB, 21 de março de 1959

ballet

REYNALDO JARDIM

e

LYGIA PAPE

Do tempo que o espaço do palco delimita, duas formas, proporcionais entre si e proporcionais ao tempo e espaço do palco, são concretizadas e passam a procurar integração no elemento do qual foram extraídas. Tem início essa procura de integração pelo conhecimento (espiral negativa) e a seguir pelo conhecimento (espiral positiva) do campo. Do silêncio do tempo-palco-espaço nascem dois sons (Organização temporal de dois sons — Gabriel Artusi) que auxiliados por duas luzes-côr estruturam (procuram estruturar) a área da qual surgiram. A seguir, provada a impossibilidade de integração no plano em que o ballet se desenvolve as duas formas, dois sons, duas luzes-côr, tentam se incorporar no plano imediatamente superior, ganhando êsses elementos uma nova dimensão: a vertical.

É ao superar sua condição concreto-mecânica que o ballet realmente se realiza, mas só pode se realizar plenamente quando dá por finda sua expressão, ou seja, quando o escuro e o silêncio retornam.

Catálogo da I Exposição Neoconcreta, 1959.

TEATRO — POEMA SENTIDO DE TODO

Lygia Pape

essência do ritual, o gesto puro, origem e fim de si mesmo. Cada parte formadora do todo surge independente e ao mesmo tempo intimamente ligada às outras partes: formando um todo. Gosto do seu próprio gesto

gesto — O GESTO

gesto — duração

ação — duração

teatro mesmo

teatro não literário, conteúdo de si mesmo, a fera se devorando e se refazendo e se devorando e novamente se nascendo.

dinâmica — duração:

uma estrutura dinâmica inalienável anti-interpretativa, social na percepção e apreensão, mas profundamente solitária como criação e realização mesma.

social também como complexo de várias artes, mais uma, como resultado. fusão das partes técnicas (complexo das várias artes), diluição dos elementos de formação para um fim específico inabordável senão pela trilha do criador sem atalhos, sem a contaminaçao do TEM-PERAMENTO e INTELIGÊNCIA de um diretor ou ator, como frisou o editor Reynaldo Jardim. Produto de espaço. forma. TEMPO = RITMO.

teatro-poema = teatro-duração

roteiro regido pela própria dinâmica do movmento que se desloca no espaço gesto do gesto se dizendo por si: roteiro--mãe. roteiro-criação de si mesmo não o gesto pelo gesto: gratuidade da ação. mas o fatal e seletivo gesto conduzindo o desenrolar da ação. enriquecido pela inventividade do criador.
rito puro que se vão buscar nas origens da dança, em primeiro lugar meramente lúdica, e nas formas mais elevadas assume um caráter mítico de conteúdo não profano, simbólico, mas ainda puro como rito seguindo toda uma encenação que era a própria explicação do sentido mesmo daquele momento. ritual que se dizia como verdade e se executava como gesto. tempo de si mesmo.

1959

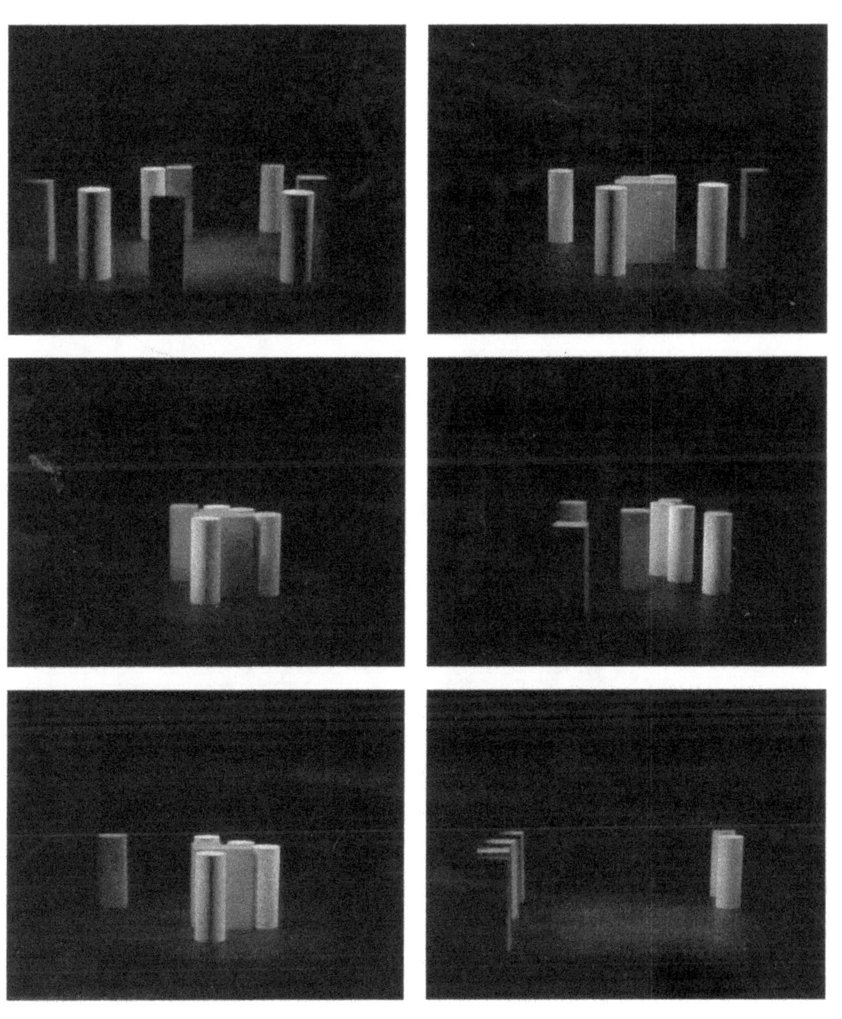

Ballet Neoconcreto, 1960.

Sete poemas de Lygia Pape

Lygia Pape já firmou o seu nome como gravadora, após vários anos de pesquisa paciente e ininterrupta, dentro de um vocabulário procuradamente despojado e rigoroso. Hoje apresentamos um novo aspecto de sua expressão, dentro do mesmo espírito de exigência e invenção, mas desta vez noutro campo da linguagem neoconcreta: na poesia. Solicitada pelas perspectivas abertas pela poética não-sintática, bem mais próxima, por seu caráter sintético, da linguagem plástico-visual, Lygia Pape começou a escrever poemas e, só depois de muitas tentativas e relutâncias, decidiu-se a mostrá-los ao seus companheiros. A qualidade de sua poesia está evidente. Seus poemas constituirão o próximo volume da Coleção Espaço.

os trigais

os mesmos

em

meio

girava

de

vento

de

tempo

	no veio
	no verde
de pedra	
de canto	
de santo	nomeia
de pedra	
	aço
	gorja
em brado	
campo	
	azul
em claro	

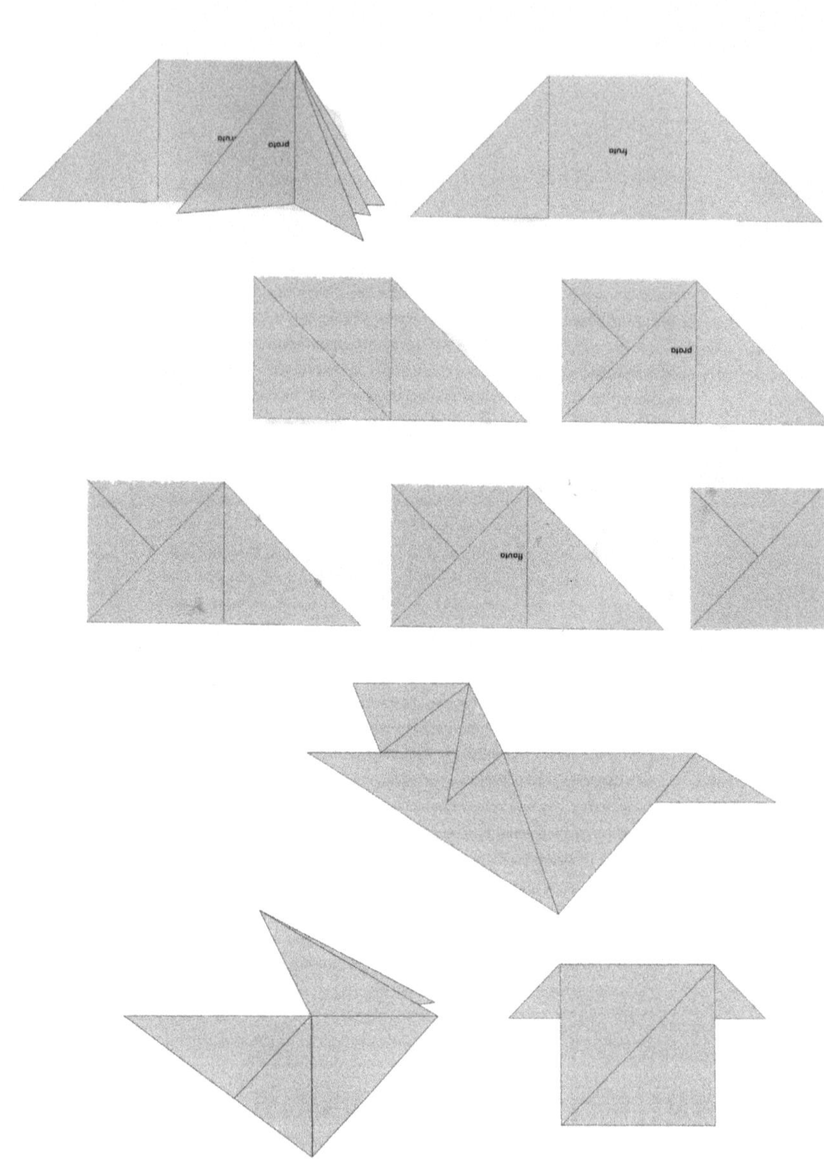

Livro-poema de Ferreira Gullar, 1959.

O LIVRO-POEMA

Ferreira Gullar

Chamo de livro-poema (ou poema-livro) à tentativa de usar a página (o livro) como um elemento interior ao poema. Nesta experiência, poema e livro não mantêm entre si uma relação meramente circunstancial, mas estão de tal modo integrados que é impossível distingui-los: poema e livro nascem num só e mesmo ato, uma vez que o impulso que determina as palavras e sua posição na página determina também o formato da página e os cortes. O uso preferencial que fazemos do verso da página é determinado pela necessidade de apresentar as palavras sucessivamente, mas também acumulando-as no presente, um presente feito de camadas de "tempo". Essa participação tão íntima da página material na expressão poderia induzir o leitor a pensar que nossa intenção é transformar o poema em algo material, instranscendente, em objeto. Na verdade, segundo cremos, a palavra, com o seu peso, obriga a página a vencer o limite tátil, submerge-a na dimensão temporal da linguagem. A página é pausa, duração, silêncio. Um silêncio verbal. Cortando-a, justapondo-a, procuro tornar audível o lado mudo da linguagem, o seu avesso.

SDJB, 21 de março de 1959

ponte
ponte

ponto
ponte

ponta
ponte

ponte
ponte

Poema de Theon Spanudis, 1960.

O ESPAÇO NA POESIA CONCRETA

Theon Spanudis

Uma vez que existem vários modos de utilização do espaço gráfico na poesia chamada concreta, tentaremos aqui um rápido exame do assunto, propondo um esquema de diferenciação dos tipos principais para verificar qual o tipo mais adequado para uma poesia verdeiramente concreta e não somente chamada de concreta.

O primeiro tipo que diferenciaríamos seria o uso servil do espaço gráfico, cujo objetivo é o de facilitar o discurso, principalmente quando este discurso não é o simples linear tradicional, mas mais complexo, como o discurso politemático (em simultaneidade) do "Coup de Dés" de Mallarmé, ou o discurso ideogrâmico de Pound nos *Cantos*. Este uso do espaço gráfico não é nada criativo, mas apenas uma consequência lógica da visualização de um discurso complexo. O espaço neste caso não participa do discurso, apenas o facilita. O espaço não se torna comunicável como a palavra. Daí a nossa designação de: uso servil do espaço gráfico. Este tipo de utilização espacial foi iniciada por Mallarmé. Mas temos de sublinhar, para evitar confusões, de que "Coup de Dés" não é poesia concreta, como tampouco os *Cantos* de

Pound. Em ambos os casos, trata-se de discurso complexo, no primeiro politemático em simultaneidade, no segundo ideogrâmico.

O segundo tipo de utilização espacial chamaríamos de: caligrâmico. Neste caso trata-se da entrada direta da pintura ou do desenho na poesia. O espaço gráfico é organizado diretamente como se tratasse da tela de um pintor ou do papel de um desenhista. O caligrama não precisa ser figurativo, como no caso de Apollinaire. Pode ser também abstrato, ou geométrico. Esta mera combinação da duas artes não tem nada de criativo a nosso ver. O resultado fica sempre uma mesclagem. Por quê não fazer desenho ou pintura independente da poesia e vice-versa? Justamente neste ponto é que nós vemos a fraqueza fundamental da produção poética do grupo paulista. Apesar de eles chamarem os seus poemas de "estruturas verbivocovisuais", na maioria dos casos, eles não passam de meras estruturas visuais. Porque, se o material verbal utilizado não está em nenhuma relação orgânica com a estrutura visual escolhida (a mesma poderia ser executada com qualquer outro material verbal), o único substrato mais sólido que resta destes poemas é a estrutura visual. Ora, podemos chamar caligramas abstratos ou geométricos de poemas concretos? Aqui, como no caso de Mallarmé, temos de sublinhar, para evitar confusões, que Apollinaire com seus caligramas não fez poesia concreta.

O terceiro tipo de utilização espacial é aquele que nós chamamos de: orgânico, e que, a nosso ver, é o único válido para uma poesia realmente concreta. A sua realização histórica foi feita em duas etapas. Primeiro por Gomringer, em 1953, depois por Gullar, em 1958. Uso orgânico do espaço significa que o espaço gráfico não é mero servo do discurso (tipo primeiro), nem tampouco pintura intrometida (tipo segundo), mas em pé de igualdade com a comunicação verbal e inseparável da mesma. Para que este uso do espaço gráfico fosse possível e viável, precisava-se primeiro da dissolução orgânica do discurso sintático que, por sua vez, não tem nada a ver com a fragmentação prismática do discurso levada até os extremos de um letrismo, como Augusto de Campos, o primeiro dos paulistas que começou a experimentar com o espaço gráfico, em "Poetamenos" (escrito em 1953, publicado em 1955).

A dissolução orgânica do discurso sintático foi realizada plenamente, e pela primeira vez, por Gomringer (*Konstellationen* 1, 1953). Como indica o título de seu livro, as palavras não são mais meros veículos do fluxo discursivo, nem tampouco meros signos das ideias a serem comunicadas, mas tornaram-se seres independentes, cada uma discursando por si mesma, em interrelações livres entre si, e de valor igual. Palavras dominantes e subordinadas não existem mais. Desde que a palavra, com esta operação, ganha uma nova substancialidade transsintática, ela não continua como palavra-signo somente, mas vira regressivamente (a regressão aqui não é no sentido negativo freudiano, mas no sentido positivo junguiano) naquilo que foi chamado de: palavra-coisa. Ora, toda palavra-coisa precisa do seu espaço existencial. Foi isto que Gomringer realizou com o seu poema transsintático. A palavra não pode mais ser escrita numa corrente dicursiva, mas cada uma, desde que ela virou um ser independente, precisa do seu próprio espaço gráfico como visualização do seu espaço existencial. Gomringer, nos seus poemas, coloca as palavras numa certa distância uma da outra, seja na horizontal ou na vertical.

Naturalmente, um poema transsintático não é apenas a soma de palavras-coisas colocadas numa equidistância gráfica, mas também um organismo vivo, proveninente da experiência poética do seu criador. Aqui entra, além do espaço vivencial do criador do poema. Este segundo fator espacial, o espaço vivencial, foi realizado pela primeira vez por Ferreira Gullar, em 1958, com o seu poema "árvore". Tentaremos uma rápida análise deste poema, para exemplificar aquilo que nós entendemos com a designação de espaço vivencial. A primeira palavra do poema anuncia o assunto, respectivamente o encontro do objeto poético pelo poeta. Segue o primeiro espaço branco que visualiza a tensão psíquica entre o encontro do objeto vivencial e a vivência ativa do mesmo, respectivamente o preparo da vivência ativa. As três palavras repetidas que seguem apresentam pelo seu rápido ritmo a vivência ativa, e que pode ser interpretada de varias maneiras subjetivas. O segundo espaço vazio até a última palavra, maior do que o primeiro, visualiza a tensão oposta da primeira, a luta interna do poeta para se desligar da vivência "árvore". A palavra terminal encerra esta vivência, mostra que o trabalho ativo do desligamento terminou, que a vivência emocional "árvore" pode ser transformada em memória. A espacialização neste poema é a visualização da própria rítmica ou tempórica da vivência poética. Se por acaso esta espacialização sugere também a forma visual de uma árvore, isto não tem a menor importância, uma vez que se trata de um acontecimento secundário e ocasional e não de algo proposital (caligrâmico). Resumindo, diríamos que o espaço orgânico, o único válido a nossso ver para uma poesia realmente concreta, não é nada mais do que a fusão do espaço existencial da palavra-coisa e do espaço vivencial da vivência poética. Para a realização deste espaço orgânico, a contribuição de Gomringer e Gullar foi de suma importância.

$$árvore$$

$$árvore$$
$$árvore$$
$$árvore$$

$$árvore$$

Paradoxalmente, o grupo paulista, justamente aquele que divulgou Gomringer no país, nunca entendeu suficientemente a significação da sua contribuição. Nas suas repetidas declarações teóricas e programáticas, sempre o trataram como um dos pesquisadores, igual a eles. Na sua última declaração, no "plano piloto para uma poesia concreta", o silenciaram por completo. Na verdade, em 1953, quando Augusto de Campos, o primeiro dos paulistas a começar com a experimentação do espaço gráfico, estava preso no discurso ideogrâmico-poundiano, fragmentando-o e visualizando-o com técnicas inspiradas em Mallarmé ("poetamenos", publicado em 1955), Gomringer tinha realizado plenamente o poema transsintático.

Seja qual for o motivo desta incompreensão (intencional ou não), o resultado é que ficaram presos a um caligramismo abstrato (que chamam de "estrutura"), tendência esta introduzida no grupo paulista pelo poeta Décio Pignatari. Num artigo recente de Augusto de Campos ("Gertrude Stein e a melodia de timbres"), tenta nos dizer que "a técnica composicional de Gomringer muito deve a Gertrude Stein", em relação ao emprego da repetição serial da palavra. Esta hipótese é uma invenção fantasiosa, primeiro porque a repetição verbal não é nada típico da poesia de Gomringer, segundo porque, se o escasso uso da repetição tivesse realmente o seu ponto de partida em Stein, Gomringer seria o primeiro a declará-lo. Ele nunca escondeu as fontes de seu desenvolvimento. Com muito mais direito poderíamos fantasiar (e já declarar?) esta influência a respeito de poemas como "terra", de Décio Pignatari, ou "ruasol", de Ronaldo Azeredo.

Os poetas neoconcretos fazem questão de salientar plenamente a importância da contribuição de Gomringer, sem a qual a palavra talvez ainda não tivesse ganho a sua liberdade transsintática (e que não deve ser confundida com a palavra morta, material gráfico ou anexo de um caligrama abstrato), *condicio sine qua non* da utilização orgânica do espaço gráfico que se comunica junto com a palavra viva, sem ser pintura ou servo do discurso; a conquista da poesia neoconcreta.

SDJB, 5 de abril de 1959

O POEMA TRANS- SINTÁTICO

Theon Spanudis

O poema transsintático é um poema discursivo ou não? Se como discurso entendemos a comunicação verbal, temos de responder que sim, apesar de que o poema transsintático não se limita apenas à comunicação verbal. Se como discurso entendemos o discurso sintático tradicional, temos de responde que não; e neste caso pouco importa se este discurso é linear, se se complica em ramificações mallarmianas, ou com interferências montadas ideogramicamente, como os *Cantos* de Pound.

Como então deveríamos chamar este novo tipo de discurso que pelo menos parcialmente é uma comunicação verbal, apesar de transsintática? Bastaria chamá-lo de discurso transsintático ou existiria uma denominação mais adequada? Para tentar responder a esta questão seria melhor, primeiro, determinar as características típicas deste novo tipo de discurso que o diferenciam do discurso sintático tradicional.

A dissolução orgânica do discurso sintático, como realizada por Gomringer, significa a superação do mesmo, e superação realizada de tal maneira que embora contendo ainda elementos de discurso sintático, estes se tornam absolutamente secundários, não apenas uma das possibilidades entre inúmeras outras. Esta dissolução orgânica, ou superação do discurso sintático tradicional, é algo completamente diferente e diametralmente o oposto de uma destruição forçosa do discurso, tentada pelos dadaistas e futuristas, e que leva pelo caminho da fragmentação a uma anarquia verbal, silábica, letrista; porque no primeiro caso o discurso sintático é superado sem ser destruído, e no segundo é apenas destruído. Quais então as características próprias deste novo tipo de discurso?

A primeira característica é que este novo discurso não é mais cursivo; não tem a direção fixa e perspectiva do discurso sintático tradicional, uma vez que a hierarquia dos valores sintáticos tradicionais — o curso fixo de: sujeito — verbo — objeto — foi superada. Este novo discurso é ao mesmo tempo acursivo e policursivo. Por isto a melhor designação seria de transcursivo. Tampouco conhece este novo tipo de discurso a dinâmica cursiva tradicional, com o seu começo, seu crescimento progressivo até chegar ao seu ponto culminante, para decrescer e se apagar depois, com no período clássico do desenvolvimento melódico da música ocidental.

O dinamismo deste novo tipo de discurso é muito mais complexo. Outros tipos de tensões múltiplas e antagônicas prevalecem, e também no sentido de múltiplas direções, a tal ponto que para uma pessoa acostumada na dinâmica do discurso tradicional, este novo tipo de discurso não tem mais nem começo nem fim, e por isto também nem sentido.

Na verdade não se trata de uma irracionalidade proposital (o alvo dos surrealistas), nem de uma irracionalidade revoltada, como no caso dos dadaistas e futuristas. O discurso transsintático é também transracional. Sem tentar destruir o raciocínio, o transcende e o supera.

Examinando a dinâmica do discurso, temos inevitavelmente de entrar no assunto do tempo e da tempórica. Este novo tipo de discurso, apesar de ser uma manifestação no tempo, sai, ao mesmo tempo, fora do tempo. Seria ao mesmo tempo tempórico e atempórico, dinâmico no sentido do fluxo tempórico, e estético no sentido da contensão tempórica. Talvez a designação mais certa seja de novo de: transtempórico. Tomemos como exemplo o poema "árvore", de Gullar. Se este poema, preservando as mesmas distâncias entre as palavras fosse escrito na horizontal em vez de na vertical (como se fosse uma partitura musical), o caráter do poema se modificaria por completo, aproximando-se de um poema tradicional (naturalmente não do ponto-de-vista visual, mas no seu sentido). O poema neste caso seria uma mera sequência tempórica de vários acontecimentos, como qualquer poema tradicional transmitiria. Colocando esta sequência tempórica na vertical (aqui poderíamos perfeitamente falar de uma verticalização do espaço, e verificar o valor do uso do espaço gráfico, sem o qual medidas deste tipo seriam inconcebíveis), esta mesma sequência tempórica foge do tempo, como que arrancada do fluxo temporal, e se torna algo extático, fora do tempo, apesar de conter dentro de si toda a sequência tempórica.

Justamente esta tensão entre tempo e não-tempo, entre fluxo tempórico e contensão tempórica, é uma das características que diferencia este novo tipo de discurso do tradicional, que é sempre temporal e corre numa só direção, mesmo se se complica com ramificações, como no caso do "Coup de Dès" de Mallarmé, ou com interferências montadas ideogramicamente, cmo nos *Cantos* de Pound.

Uma última característica deste novo tipo de discurso é que a palavra, liberta do fluxo discursivo e da tirania das hierarquias sintáticas, muda de qualidade. A palavra-coisa não é a palavra morta que interessa somente pelo número e fisionomia de suas letras (viva somente no setor óptico), ou pela sua textura sonora (viva somente no setor acústico), mas, antes demais nada, a palavra cuja carga vivencial aumentou, a palavra que apesar de ser signo de uma coisa, aumenta dentro de nós a nossa vivência para com a coisa que designa. Além da palavra-coisa, o discurso transsintático utiliza-se da comunicação não-verbal, do avesso da palavra, que é pausa, silêncio; em outras palavras, rítmica, ou puramente tempórica da vivência, ou tempórico-espacial (gesto), visualizada pela utilização orgânica do espaço gráfico. Poderíamos perfeitamente dizer que este novo tipo de discurso é trans-verbal, uma vez que aqui a comunicação não se limita somente ao uso da palavra.

O prefixo "trans" é o mais justo na designação destas características, significando que a qualidade em foco não foi destruída, mas apenas transcendida e superada. Assim, a comunicação transsintática seria, ao mesmo tempo, transcursiva, transtempórica e transverbal. Não temos que oferecer nenhum novo termo que englobe todas estas características. Tanto poderia ser chamada "organísmica", para emprestar-lhe um termo da biologia moderna, ou também "constelativa", querendo explorar a designação que Gomringer deu aos seus poemas.

Resta ainda examinar duas designações utilizadas pelo grupo paulista. Este novo tipo de discurso poderíamos chamá-lo de "sintético-ideogrâmico"? Se pensássemos em só ideograma oriental, a analogia seria viável. Mas já uma sequência de ideogramas aproxima, apesar de todas as diferenças, o discurso ideogrâmico oriental ao nosso discurso tradicional, uma vez que ele também se torna cursivo.

Além disto, a mesma designação foi utilizada para denominar a montagem espacial de textos absolutamente discursivos-sintáticos. Para evitar a confusão que este duplo uso provoca, seria melhor desistir dessa designação. Quanto à outra designação utilizada pelos paulistas, a de "estrutura", achamos também muito infeliz. Se como estrutura entendemos o produto da análise estética de uma obra de arte, é claro que não poderemos utilizar esta designação para denominar a comunicação transsintática, porque toda obra de arte, mesmo a clássica, analisada esteticamente, revelará a sua "estrutura". E se como estrutura entendemos apenas a estrutura visual, pior ainda, porque neste caso reduziríamos o poema transsintático a um mero caligrama abstrato e geométrico.

SDJB, 19 de abril de 1959

l u a

r u a

Cláudio Mello e Sousa

SOM: SINTAXE E SIGNIFICAÇÃO

Carlos Fernando Fortes de Almeida

A análise nos leva à verificação dos elementos componentes de uma obra de arte, mas esta verificação só é possível depois de concluirmos a obra.

No meu livro de poemas neoconcretos (coleçao espaço-4), ora no prelo, ocorreu-me o fato de atentar para certos aspectos novos da minha experiência, principalmente os de ordem sonora. Em grande parte do livro, os poemas se caracterizam pela presença do som como elemento participante, capaz de estabelecer uma relação fonético-figurativa entre as palavras, agregando-se ao significado vocabular das mesmas, de modo a transcender este significado e perdurar-se acima dele como sensação mais forte, já que sabemos ser o som de uma palavra um elemento sensorial mais rapidamente captável do que o significado vocabular desta. Creio que isto é fato assim, porque o som é uma experiência primitiva, recebida diretamente por um órgão sensorial, ao passo que o significado vocabular é uma experiência intelectual, mais complexa em suas associações.

É por causa deste fenômeno que ao dizer o poema (leia--se de baixo para cima) *ápice*

alce

lápis

o que primeiro nos chama a atenção, antes do significado vocabular das palavras, é a predominância dos sons s e i, que se propagam simulando um silvo. Veja-se o poema desmembrando para melhor compreensão:

á-pisi

al-si

lá-pis

Os e finais e os c são substituídos respectivamente pelo i e pelo s, porque funcionam como tal.

Mas há também outros aspectos a ressaltar no poema. A identidade sonora liga as palavras, integrando os elementos da sequência pela constância com que se repete, de maneira que se fixa como sensação dominante, substituindo, por meio desta elisão sonora, a sintaxe discursiva, e unindo organicamente as palavras. Não é mais preciso dizer:

o ápice

para
alce

o lápis

A constante sonora cumpre com mais eficácia e economia o papel de dois artigos e uma preposição, dando ao mesmo tempo ao poema maior força de impacto. Finalmente, o som da vogal i é responsável pela noção de fino-linear e a evolução do poema, começando com duas palavras paroxítonas e terminando por uma proparoxítona, sugere aceleração no ritmo, aceleração esta, dada pelo contraste entre as paroxítonas (onde há perduração) e a proparoxítona (onde as duas sílabas que se seguem à acentuação, trazem-nos a ideia de velocidade, pela maior rapidez com que são ditas).

No livro, encontra-se um grupo de poemas, onde existe um fator comum. São do grupo os poemas:

urbe *urge*

urbe *ruge*

rasga *cárcere* *árvore*

arvora *árvore* *arvora*

rosa *jorra*

bomba *estronda* *tromba*

tromba tromba

O fator comum deste grupo de poemas é o r, que aparece aqui, em todos os casos, como elemento dinâmico-agressivo.

Nos poemas

ave

voo *lesma mesma*

e

salve

vem à tona o mesmo problema do primeiro exemplo: As constantes v e s, respectivamente no primeiro e no segundo poema, servem como elemento de ligação sintática. Era como se disséssemos:

da ave

o voo

e a lesma, ela mesma

salve

A par disto, no poema da ave, temos uma gradação de intensidade: as palavras salve e ave enunciam-se suavemente, enquanto que na palavra voo, há um esforço de continuidade, um impulso maior, sendo o elemento dinâmico do poema e que supõe um movimento de deslocamento no espaço que vai do solo (salve no caso) até o alto (ave). A própria palavra voo dá a noção exata desta evolução: na primeira sílaba (vo) há um esforço maior de objeto que estava parado e teve que gerar o próprio impulso; na sílaba final (o) há como que uma acomodação, um deslizamento, um repouso à custa do esforço inicial.

No poema da lesma, a permanência do grupo "esm" dá um sensação de viscosidade, de gosmento. Examinemos agora o poema:

golfo

curvo

roubo

As vogais tem som fechado. Nas três palavras em disposição, curva, predomina o som da vogal u na acentuação, já que o poema seria foneticamente representada por:

goufo

    curbo

roubo

sendo o u um som que aí comunica a ideia de profundidade, de côncavo ainda mais no caso em que a primeira e a última palavra tem o grupo consonantal ou o que confere uma noção de aprofundamento de camada sonora mais gradativo e dinâmico.

Já no poema

angra   *singra*   *ainda*

temos outro aspecto o da ideia de perduração de ação que permanece através de três paroxítonas, culminando com ainda, onde esta ideia confere também com o significado vocabular e onde dura a pausa da acentuação, mais que nas duas palavras anteriores, por causa da associação consecutiva das duas vogais que a diferenciam das outras. Entretanto, há aí um denominador comum, contribuindo para essa duração maior: é a letra n que ajuda a prolongar o som da sílaba, distendendo-se como elástico. As palavras possuem identidade fonético-figurativa:

angra

nos dá uma noção de expansão volumosa que é a própria forma de uma angra,

singra

é o fino-linear do singra que igualmente significa isto: uma embarcação abrindo sulcos finos e lineares.

ainda

é o fino-linear do singra que se continua, que perdura indefinidamente, através do fato de ser uma paroxítona da acentuação mais longa que as demais e dessa acentuação recair na vogal i.

Um poema com palavras oxítonas dá-nos outra característica: a de força brusca, em que a ação tem uma duração menos intensa que a paroxítona e mais que a proparoxítona. A sua violência é pesada e final. Não é brusca por ser veloz como a proparoxítona. É brusca, porque nela se conclui a ação da palavra. No poema

mão   grão   chão

essa violência pesada das três oxítonas também se traduz nos três objetos que são duros, sólidos de natureza compacta.

SDJB, 23 de maio de 1959

UMA EXPERIÊNCIA FASCINANTE

José Carlos Oliveira

Contemplo o papel em que devo escrever. Contemplo estas primeiras palavras escritas e já não são escritas mas inscritas, e o papel já não é o "papel" — uma abstração — e sim este papel, carne pré-existente às palavras, existindo com as palavras, existindo ainda sem as palavras após as palavras. A descoberta do papel como realidade viva, em seguida sua utilização como meio de expressão, como um novo modo de dizer o poema, eis antes de mais nada uma contribuição importante da experiência neoconcreta.

O Sr. Ferreira Gullar inscreve um seu poema numa superfície formada com camadas verticais de papel. Numa das camadas se acha inscrita a palavra "ovo". Segue-se a segunda camada — uma tira vertical de papel colado em branco. É o osso, o branco, o cerne, o novo material do poema que se mostra em sua carne e silêncio.

Estou entretanto excessivamente voltado para o volume 3 da Coleção Espaço — "science fiction", prosa neoconcreta do Sr. Reynaldo Jardim. Abre-se o livro e encontra-se isto:

nove

zero

nove

Segue-se uma página ímpar em branco, e na página par:

oito

zero

oito

Outra página em branco, e novamente:

sete

zero

sete

Isto, todos sabemos, significa que no momento zero alguma coisa acontecerá; um foguete será lançado. Mas só será lançado no momento zero, e a contagem inversa prossegue, página a página. Seis zero seis. Cinco zero cinco. Quatro zero quatro. O tempo aqui é um obstáculo concreto, e o leitor está convidado a agir para que se chegue ao momento anunciado; o gesto da mão virando a página equivale à experiência orgânica do tempo que se aproxima do seu momento crucial; a mão-cronômetro determina a hora zero, e o corpo chega a essa hora ao mesmo tempo que o poema...

Neste prelúdio, o Sr. Jardim reconstrói uma experiência que não poderia ser reproduzida por outra forma literária. Usando os meios elementares do escritor — o papel e a palavra tomados em sua inércia formigante — reconstrói em sua densidade e clareza a sensação do tempo que marcha para um momento dado, para trás, porque anterior a esse momento, porque é antes e ontem; no zero, entraremos no infinito.

zero

Evidentemente a contagem inversa inexoravelmente vivida pela mão do leitor já lhe despertou tudo o que sabe sobre o assunto: as informações que os jornais fornecem diariamente, a consciência de que satélites artificiais continuam em órbita, a certeza de que é viável a conquista do espaço. Convidam-no a uma viagem ao futuro, e ao aceitar o jogo do tempo, ao conquistar a hora zero pelo seu próprio esforço, tornou-se cúmplice do autor. O zero, na página, coincide com o zero em seu espírito.

O homem moderno já realizou internamente a expedição cósmica cujos obstáculos a ciência ainda não venceu. E quando o Sr. Jardim nos mostra a palavra

jato

imediatamente viajamos no infinito do papel branco. O infinitamente pequeno (o branco) vale pelo inifinitamente grande. O papel é ao mesmo tempo o papel e (por meio duma convenção sutil elaborada desde o início) o vasto espaço *infinito menos   infinito mais*

"Menos" e "mais"... Nessa superfície branca transformada em campo vivo — na expressão do Sr. Ferreira Gullar — ou descoberta como campo vivo, realizam-se milagres. A folha de papel adquire poderes mágicos: transforma-se em infinito (visualmente verdadeiro) sob a pressão do simples desejo-palavra do poeta; e logo se modifica e divide em duas espécies de infinito, o menos e o mais, o hoje e o futuro. Noutra página,

eixo infinito

Outra metamorfose é assinalda com a palavra côncavo sobre a palavra convexo escrita de cabeça para baixo. Depois

tempo   jato   tempo

e:

espaço

e:

tempo

O tempo é o espaço, o espaço é o tempo, o espaço é o papel que é o tempo-papel desta viagem cósmica. A exploração das incríveis virtualidades do papel vivo (empreendida paralelamente pelos Srs. Ferreira Gullar e Theon Spanudis) garante já um lugar para os neoconcretos entre os renovadores da literatura.

136

Seguem-se duas vezes a palavra "espaço" e na página seguinte a palavra "jato". Depois, em página dupla:

jato   lua   jato

Uma página em branco. Na seguinte, no centro e na extremidade direita, a palavra "jato". Seguem-se duas páginas em branco. Ativado o papel pelo que se viu antes e tomado como meio de expressão desde o início da experiência neoconcreta, a ideia da viagem continua sendo expressa mesmo sem palavra na página; o escritor, em silêncio, continua falando, como nas faixas brancas do Sr. Ferreira Gullar.

Em página dupla:

jato   marte

Em seguida:

jato   marte

Nova aproximação:

jato marte

Depois:

jato
marte

Depois:

marte

jato

E ainda

jato
marte
jato

O essencial já foi reproduzido. Basta agora dizer que a narrativa prossegue mostrando o desembarque de "homem" em Marte, onde é cercado por criaturas chamadas "omem". Estes transformam o terrestre em "omem" também, tirando-lhe o h... Mais tarde, na viagem de volta, o jato revisita os espaços, a Lua, e chega à Terra. Aqui, os homens devolvem-lhe o h e a narrativa se fecha com a palavra homem. Não importa discutir se há ou não seres vivos em Marte; o importante na "science fiction" do Sr. Jardim é a viagem e as soluções que encontrou para descrevê-la. A atuação fantástica do papel no entrecho é qualquer coisa nunca experimentada antes em parte alguma. A denominação de prosa neoconcreta é válida, embora eu preferisse "narrativa neoconcreta".

O problema central desta experiência me foi colocado, em conversa, por diversas pessoas. Elas alegam que quem enriquece o livro do Sr. Jardim (como os poemas neoconcretos em geral) é a subjetividade do leitor. O leitor — dizem — vê o que não está na página.

Não é verdade. O leitor vê o que o autor lhe mostra. O Sr. Reynaldo Jardim estabelece uma série de convenções e de maneira que ainda não sei explicar essas convenções adquirem poderes expressivos: o que ele, autor, quer que esteja no papel (mesmo na página branca!), está. Seus brancos são transcendentes, miniaturas do espaço cósmico; esse espaço se dá aos nossos olhos. Não se trata, entretanto, como se costuma dizer, duma intrusão da arte visual na literatura. É o nascimento duma literatura visual; o papel nu, aqui, só tem o valor transcendente que realmente tem, porque as palavras anteriores o precipitam. E são as palavras que marcam a posição dos objetos no espaço.

O Sr. Jardim diz: "espaço" e retira a palavra da página. "Espaço" estabelece a convenção; e a página branca a torna realidade. Eu disse realidade: por mais que você resista a aceitar a experiência neoconcreta, você será obrigado a reconhecer que aquilo é realmente o espaço.

Seja como for, esta "science fiction", prosa neoconcreta do Sr. Reynaldo Jardim, é um livro de concepção ousada, um objeto quase sublime em sua ingenuidade, irmão do "Pequeno Príncipe": pura criação, pura arte, parece uma composição escrita quando o homem frequentava as fontes da linguagem — quando pela primeira vez, deixando de utilizar suas palavras para nomear as coisas, usou-as para nomear as coisas do seu mundo interior, para dar um nome ao seu ser: um nome, uma forma. A força criadora como o homem primitivo dela tomou consciência e a exerceu — isto é reconquistado no livro do Sr. Reynaldo Jardim, que marca, com os dois primeiros volumes da Coleção Espaço, o início da viagem para o futuro prometido pelos poetas e prosadores neoconcretos. Após a contagem inversa até a hora zero — o concretismo — o neoconcretismo assinala a Hora Um: uma literatura fresca, desligada do agonizante processo cultural do Ocidente, está nascendo no Brasil.

SDJB, 5 de setembro de 1959

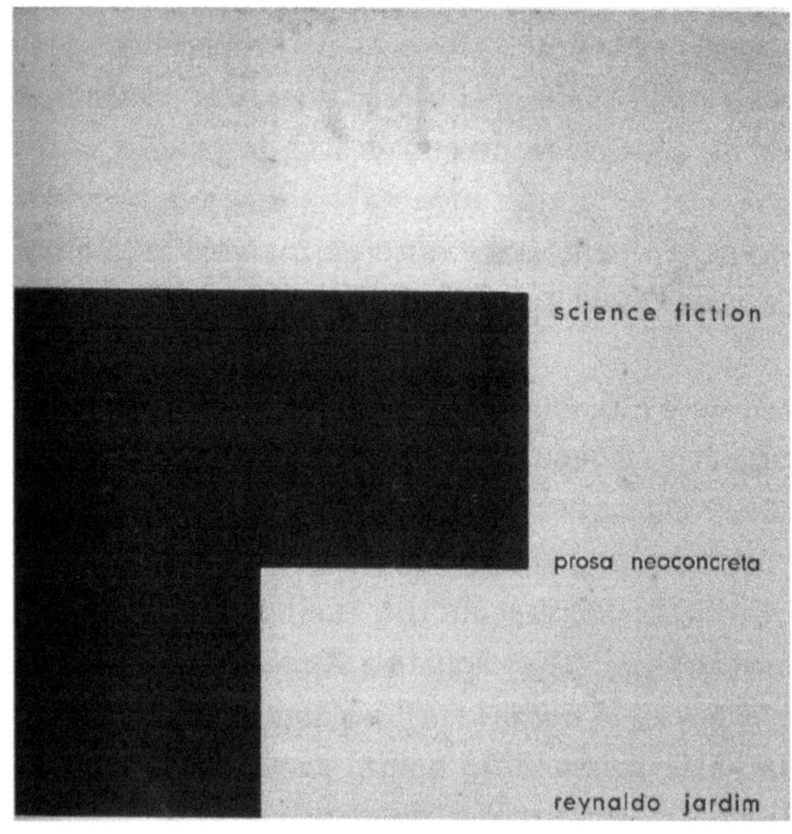
science fiction
prosa neoconcreta
reynaldo jardim

ONDE ESTÁ O POEMA

Reynaldo Jardim

Sendo um poema tradicional ou concreto, ele pode estar indiferentemente inscrito na página de um livro, revista, jornal ou em qualquer outra superfície. Não há "habitat", residência específica e natural para aqueles tipos de poema. Essa situação foi denunciada pela poesia neoconcreta e resolvida com a criação do Livro-poema. Realmente, podemos constatar que é unicamente no livro que essa modalidade de poesia neoconcreta pode se manifestar, porque dele faz parte integrante e porque nele o livro se integra, resultando pela primeira na História Literária essa coisa nova que é o Livropoema, não mais o poema no livro, não mais um livro com poemas, mas a fundação de residência intransferível do poema, mais que isso, a fundição integral de residência e residente. É claro que o livro do Livropoema, por condicionar o texto e por ser por ele simultaneamente condicionado, sofre (sem perder suas características essenciais) transformações de ordem material (cortes de páginas, dobras, etc., etc.). E isso lhe confere um poder expressional até então nunca atingido. Não é apenas a página (ou o passar das páginas, como acontece nos textos neoconcretos que funcionam em tempos sucessivos) que se expressa. É o próprio livro em sua totalidade global.

Essa experiência apaixonante do Livro-poema vem sendo praticada por diversos poetas neoconcretos. Daqui, enviamos a todos eles nosso "ultimatum": enviem o mais rapidamente possível os originais que tiverem para a pequena mostra que faremos realizar a partir do dia 13 na nossa redação.

SDJB, 8 de agosto de 1959

VOLTA À FALA

Ferreira Gullar

Definamos melhor a distinção entre poesia concreta e neoconcreta, para podermos falar desta última sem deixar margem a equívocos. Uma distinção geral que se pode estabelecer é a seguinte: a poesia concreta, para eliminar o discurso, reduz a palavra a objeto, isto é, utiliza-a como elemento objetivo que preexiste à ação do poeta — e com isso desliga-a da fala; a poesia neoconcreta, embora rejeitando o discurso, mantêm-se fiel à palavra como fala e busca exprimi-la em sua duração, impregnada do impulso formulativo que está na fonte mesma da linguagem. Dizendo de outro modo: a poesia neoconcreta preserva a linguagem como coisa viva, inevitavelmente presa à sua condição orgânica de produto humano, criada e recriada a cada momento: a palavra, essa que vem para o poema, não preexiste ao ato do poeta, não está no dicionário: ela nasce aqui agora — a página é o lugar em que ela irrompe pela primeira vez, criando-se, criando o seu tempo de existência. Na poesia concreta, ao contrário, essa erupção não se dá: a palavra, desligada da dinâmica natural da fala, está imóvel, em estado de dicionário. Para dinamizá-la, recorrem os poetas daquela tendência a processos exteriores à linguagem, à combinação dos elementos visuais e acústicos tomados tanto quanto possível como fatos perceptivos puros. Estabelece-se, assim, uma relação mecânica e automática de palavra a palavra. Por sua natureza automática, essas combinações poderiam ser feitas indefinidamente. A solução, portanto, é controlá-las pela imposição de uma forma esquemática, que se torna, por fim, o "conteúdo do poema", no dizer dos próprios teóricos daquela tendência. Resta acentuar que, devido à depuração em que se encontram ali os elementos acústicos, incapazes, portanto, de se estruturar num todo verbal, dá-se preponderância à forma visual e com isso submete-se o poema ao plano espacial, gráfico, óptico. Não é sem propósito que esses poetas atribuem a seus poemas dispositivos equivalentes ao "feedback", que é um processo de controle mecânico automático, ou se propõem partir de uma estrutura matemática preestabelecida. Desligada da fala, a palavra jaz inerte no campo físico — e não haverá então outro modo de movê-la senão utilizando processos exteriores a ela. Os poetas concretos confundiram a sintaxe com a fala e julgaram necessário, para eliminar a sintaxe, desligar a palavra de sua condição orgânica. Os poetas neoconcretos falam dentro de uma nova sintaxe fundada na irradiação natural da palavra viva.

Por isso, mantêm-se no campo verbal propriamente dito, e só lançam mão de meios que, de uma maneira ou de outra, venham ajudar a palavra a desabrochar no poema. Para os neoconcretos, a palavra escrita — como a palavra falada — é apenas a concreção instantânea de um ato que a precede e a transcende. Precisamente porque parte da fala, porque a tem sempre presente, a palavra escrita é, na poesia neoconcreta, uma forma viva, célula onde a linguagem inteira pulsa latente. O poeta neoconcreto simplesmente desconhece as categorias gramaticais e não se propõe problemas que não sejam os naturalmente implícitos no ato de dizer o poema. A palavra escrita contém a palavra viva, mas tende a se imobilizar no espaço, tende a se desligar da fonte. O poeta neoconcreto luta contra essa tendência à imobilização. E é por isso que afirmamos — em oposição a quase tudo que se tem dito — que a poesia neoconcreta se volta violentamente contra a linguagem escrita, que ela se apóia na palavra escrita para destrui-la, para desatar dentro dela as forças vivas da fala. A poesia neoconcreta é um retorno à linguagem falada. Não um retorno ao discurso. Não um retorno à fala falada, já pronunciada, já formulada. Um retorno à palavra dita pela primeira vez, à palavra que se nega ao discurso e que quer durar, tênue, rica e dinâmica como uma galáxia:

faina

Pode-se, no entanto, objetar que um poema neoconcreto não pode ser recitado, que não é a mesma coisa lê-lo que ouvi-lo. É verdade, mas do mesmo modo que não é a mesma coisa ler que ouvir um poema de Drummond ou de João Cabral, muito embora esses poetas não tenham levado tão longe o problema de transfundir a fala em palavra escrita. É que todo poeta, hoje, escreve para ser lido e não para ser recitado. É que quando um poeta, hoje, se debruça sobre o papel para escrever, ele sabe que caberá a essas palavras, que vai grafando na superfície silenciosa do papel, levar ao leitor a sua fala. Não é preciso que ele se diga isso, porque é ele o primeiro leitor: vai murmurando, a cada momento, para si, a palavra já escrita — e a manipula de modo a incutir nela uma carga expressiva que substitua a viva voz. O poeta escreve no papel e funda ali a fala. É por isso que recitar um poema desses é transformá-lo, aviltá-lo: sua condição natural é esse nível de murmúrio que se desprende da palavra escrita, consumindo-a, fala que já não é silêncio e tampouco é recitação. Esta é a contradição profunda de toda a poesia moderna: ela quer ser fala mas só o pode ser através da linguagem escrita. O tempo dos "aedos" já passou.

Essa contradição atinge seu clímax com a poesia neoconcreta, que faz da página um meio intransferível, insubstituível. Nos livros-poema, então, a integração da palavra na página (e da página na palavra) é tal que o poema não pode ser retirado dela para a revista ou o jornal. Poderia alguém ver nisto mais uma limitação da poesia neoconcreta. Na verdade, ao se furtar tanto à recitação quanto à página do jornal, o poema neoconcreto revela o novo nível de linguagem em que se realiza: o seu meio próprio. Mário Pedrosa o percebeu muito bem quando sugeriu, ao ver os primeiros livros-poema, a denominação de neoverbal para designar esse tipo de poesia.

O livro-poema — ou livro-total, como o chamou Reynaldo Jardim — é um livro de que só existisse o essencial, o núcleo. Nele a página não é de fato um suporte para a palavra, mas o campo em que ela se faz, o seu tempo próprio, o estar da palavra. É a palavra mesma que determinou a forma e o tamanho da página, bem como o seu desdobrar e suceder. Por isso mesmo, a página no livro-poema ultrapassa a condição meramente prática que tem nos livros usuais, para se tornar também meio de expressão poética. Então, passar a página não é mais um simples gesto mecânico, porque é lidar com um meio expressivo, o tempo da fala: passar a página agora é já falar. A poesia neoconcreta submerge o livro num tempo integralmente expressivo — e a fala faz ouvir o seu murmúrio, valendo-se de nossos olhos e de nossas mãos.

SDJB, 8 de agosto de 1959

TEORIA DO NÃO-OBJETO

Ferreira Gullar

A expressão não-objeto não pretende designar um objeto negativo ou qualquer coisa que seja o oposto dos objetos materiais com propriedades exatamente contrárias desses objetos. O não-objeto não é um antiobjeto, mas um objeto especial em que se pretende realizada a síntese de experiências sensoriais e mentais: um corpo transparente ao conhecimento fenomenológico, integralmente perceptível, que se rende à percepção sem deixar resto. Uma pura aparência. Toda obra de arte verdadeira é, portanto, um não-objeto, e se adotamos agora esta denominação é porque ela nos ajuda a enfocar os problemas da arte atual de um ângulo que nos parece novo (1).

MORTE DA PINTURA

A questão posta obriga-nos a um retrospecto. Quando os pintores impressionistas, deixando o atelier pelo ar livre, procuraram apreender o objeto impresso na luminosidade natural, a pintura figurativa começou a morrer. Nos quadros do Monet, os objetos se dissolvem em manchas de cor e a face usual das coisas se pulveriza entre os reflexos luminosos. A fidelidade ao mundo natural transferira-se da objetivação para a impressão. Rompidos os contornos que mantinham os objetos isolados no espaço, toda possibilidade de controle da expressão pictórica se limitava à coerência interna do quadro. Pouco depois, Maurice Denis diria que "um quadro — antes de ser um cavalo de batalha, uma mulher nua ou alguma anedota — é essencialmente uma superfície plana coberta de cores dispostas de certa maneira". A abstração não tinha nascido ainda, mas os próprios pintores figurativos, como Denis, já a anunciavam. Cada vez mais, o objeto representado perdia significação aos seus olhos, e em consequência disso o quadro, como objeto, ganhava importância.

Com o cubismo, o objeto é brutalmente arrancado de sua condição natural, transformado em cubos, o que virtualmente lhe imprimia uma natureza ideal: esvaziava-o daquela obscuridade essencial, daquela opacidade invencível que caracteriza a coisa. Mas o cubo é tridimensional, ainda possui um núcleo, um dentro que era preciso consumir — e isso foi feito pela fase dita sintética do movimento. Já então o que sobra do objeto é pouca coisa. E é com Mondrian e Malevitch que a eliminação do objeto continua.

O objeto que se pulveriza no quadro cubista é o objeto pintado, o objeto representado. Enfim, é a pintura que jáz ali desarticulada, à procura de uma nova estrutura, de um novo modo de ser, de uma nova significação. Mas nesses quadros (fase sintética, fase hermética) não há apenas cubos desarticulados, planos abstratos; há também signos, arabescos, papéis-colados, números, letras, areia, estopa, prego etc. Esses elementos indicam duas forças contrárias ali presentes: uma, que tenta implacavelmente despojar a pintura de toda e qualquer contaminação com o objeto; outra, que retorna do objeto ao signo e que para isso necessita manter o espaço, o ambiente pictórico nascido da representação do objeto. A esta última tendência, pode se filiar a pintura dita abstrata, de signo e de matéria, que se exacerba hoje no tachismo.

Mondrian é quem percebe o sentido mais revolucionário do cubismo e lhe dá continuidade. Compreende que a nova pintura, proposta naqueles planos puros, requer uma atitude radical, um recomeço. Mondrian limpa a tela, retira dela todos os vestígios do objeto, não apenas a sua figura, mas também a cor, a matéria e o espaço que constituíam o universo da representação: sobra-lhe a tela em branco. Sobre ela, o pintor não representará mais o objeto: ela é o espaço onde o mundo se harmonizará segundo os dois movimentos básicos da horizontal e da vertical. Com a eliminação do objeto representado, a tela — como presença material — torna-se o novo objeto da pintura. Ao pintor cabe organizá-la, mas também dar-lhe uma transcendência que a subtraia à obscuridade do objeto material. A luta contra o objeto continua.

O problema que Mondrian se propôs não podia ser resolvido pela teoria. Se ele tentou destruir o plano com o uso das grandes linhas pretas que cortam a tela de uma borda a outra — indicando que ela confina com o espaço exterior —, ainda essas linhas se opõem a um fundo, e a contradição espaço-objeto reaparece. Inicia, então, a destruição dessas linhas, e o resultado disso está nos seus dois últimos trabalhos: *Broadway Boogie-Woogie* e *Victory Boogie-Woogie*. Mas a contradição não se resolve de fato, e se Mondrian vivesse mais alguns anos talvez voltasse à tela em branco donde partira. Ou partisse dela para a construção no espaço, como o fez Malevitch, ao cabo de experiência paralela.

OBRA E OBJETO

A tela em branco, para o pintor tradicional, era o mero suporte material sobre o qual ele esboçava a sugestão do espaço natural. Em seguida, esse espaço sugerido, essa metáfora de mundo, era rodeada por uma moldura cuja função fundamental era inseri-lo no mundo. Essa moldura era o meio-termo entre a ficção e a realidade, ponte e amurada que, protegendo o quadro, o espaço fictício, ao mesmo tempo fazia-o comunicar-se, sem choques, com o espaço exterior, real. Por isso, quando a pintura abandona radicalmente a representação — como no caso de Mondrian, Malevitch e seus seguidores — a moldura perde o sentido. Não se trata mais de erguer um espaço metafórico num cantinho bem protegido do mundo, e sim de realizar a obra no espaço real mesmo e de emprestar a esse espaço, pela aparição da obra — objeto especial — uma significação e uma transcendência.

É fato que as coisas se passaram com alguma morosidade, com equívocos e descaminhos certamente inevitáveis e necessários. O uso do papel-colado, da areia e de outros elementos tomados ao real e postos dentro do quadro já indica a necessidade de substituir a ficção pela realidade. Quando mais tarde o dadaísta Kurt Schwitters constrói o seu Merzbau — feito com objetos ou fragmentos de objetos achados na rua —, ainda é a mesma intenção que se amplia, já agora livre da moldura, no espaço real. Nessa altura, a obra de arte e os objetos parecem se confundir. Sinal desse mútuo extravasamento entre a obra de arte e o objeto é a célebre blague de Marcel Duchamp, enviando para a exposição do Independentes, em Nova York (1916), um urinol-fonte, desses que se usam no mictório dos bares. Essa técnica do rea-

Teoria do não-objeto

Ferreira Gullar

A expressão *não-objeto* não pretende designar um objeto negativo ou qualquer coisa que seja o oposto dos objetos materiais com propriedades exatamente contrárias dêsses objetos. O não-objeto não é um antiobjeto mas um objeto especial em que se pretende realizada a síntese de *experiências sensoriais* e mentais: um corpo *transparente* ao conhecimento fenomenológico, integralmente perceptível, que se rende à percepção sem deixar resto. Uma pura aparência. Tôda obra de arte verdadeira é, portanto, um não-objeto, e *se* adotamos agora esta denominação é porque ela nos ajuda a enfocar os problemas da arte atual de um ângulo que nos parece novo. (1)

MORTE DA PINTURA

A questão posta obriga-nos a um retrospecto. Quando os pintores impressionistas, deixando o *atelier* pelo ar livre, procuraram apreender o objeto inerso na luminosidade natural, a pintura figurativa começou a morrer. Nos quadros de Monet os objetos se dissolvem em manchas de côr e a face usual das coisas se pulveriza entre os reflexos luminosos. A fidelidade ao mundo natural transferira-se da objetivação para a impressão. Rompidas os contornos que mantinham os objetos isolados no espaço, tôda possibilidade de contrôle da expressão pictórica se limitava à coerência interna do quadro. Pouco depois, Maurice Denis diria que "um quadro — antes de ser um cavalo de batalha, uma mulher nua ou alguma anedota — é essencialmente uma superfície plana na coberta de côres dispostas de certa maneira". A abstração não tinha nascido ainda mas os próprios pintores figurativos, como Denis, já a anunciavam. Cada vez mais, o objeto representado perdia significação aos seus olhos, e em conseqüência disso o quadro, como objeto, ganhava importância.

Com o cubismo, o objeto é brutalmente arrancado de sua condição natural, transformado em cubos, o que virtualmente lhe imprimia uma natureza ideal: cavaziava-o daquela obscuridade essencial, daquela opacidade invencível que caracteriza a *coisa*. Mas o cubo é tridimensional, ainda possui um núcleo, um *dentro* que era preciso consumir — e isso foi feito pela fase dita *sintética* do movimento. Já então o que sobra do objeto é pouca coisa. É é com Mondrian e Malevitch que a eliminação do objeto continua. O objeto que se pulveriza no quadro cubista *é* o objeto pintado, o objeto representado. Enfim, é a pintura que jaz ali desarticulada, à procura de uma nova estrutura, de um novo modo de ser, de uma nova significação. Mas nesses quadros (fase sintética, fase hermética) não há apenas cubos desarticulados, planos abstratos; há também signos, arabescos, papéis-colados, números, letras, areia, estôpa, prego etc. Esses elementos indicam duas fôrças contrárias ali presentes: uma, que lenta implacàvelmente despojar a pintura de tôda e qualquer contaminação com o objeto; outra, que retorna do objeto ao signo e que para isso necessita manter o espaço, o ambiente pictórico nascido da representação do objeto. A esta última tendência pode se filiar a pintura dita abstrata, de signo e de matéria, que se exacerba hoje no tachismo.

Mondrian é quem percebe o sentido mais revolucionário do cubismo e lhe dá continuidade. Compreende que a nova pintura, proposta naqueles planos puros, requer uma atitude radical, um recomêço. Mondrian limpa a tela, retira dela todos os vestígios do objeto, não apenas a sua figura, mas também a côr, a matéria e o espaço que constituíam o universo da representação: sobra-lhe a tela em branco. Sôbre ela, o pintor não representará mais o objeto: ela é o espaço onde o mundo se harmonizará segundo os dois movimentos básicos da horizontal e da vertical. Com a eliminação do objeto representado, a tela — como presença material — torna-se o novo objeto da pintura. Ao pintor cabe organizá-la mas também dar-lhe uma transcendência que a subtraia à obscuridade do objeto material. A luta contra o objeto continua.

O problema que Mondrian se propôs não podia ser resolvido pela teoria. Se êle tentou destruir o plano com o uso das grandes linhas pretas que cortam a tela de uma borda à outra — indicando que ela continua com o espaço exterior — ainda essas linhas se opõem a um fundo, e a contradição espaço-objeto reaparece. Inicia, então, a destruição dessas linhas e o resultado disso está nos seus dois últimos trabalhos: *Broadway Boogie-Woogie* e *Victory Boogie-Woogie*. Mas a contradição não se resolve de fato, e se Mondrian vivesse mais alguns anos talvez voltasse à tela em branco donde partira. Ou partisse dela para a construção no espaço, como o fêz Malevitch, ao cabo de experiência paralela.

OBRA E OBJETO

A tela em branco, para o pintor tradicional, era o mero suporte material sôbre o qual êle esboçava a sugestão do espaço natural. Em seguida, êsse espaço sugerido, essa metáfora do mundo, era rodeada por uma moldura cuja função fundamental era inseri-lo no mundo. Essa moldura era o meio-têrmo entre a ficção e a realidade, ponte e amarrado que, protegendo o quadro, o espaço fictício, ao mesmo tempo comunicar-se, sem choques, com o espaço exterior, real. Por isso, quando a pintura abandona radicalmente a representação — como no caso de Mondrian, Malevitch e seus seguidores — a moldura perde o sentido. Não se trata mais de exguir um espaço inolatório num cantinho bem protegido do mundo, e

sim de realizar a obra no espaço real mesmo e de emprestar a êsse espaço, pela aparição da obra — objeto especial — uma significação e uma transcendência.

É fato que as coisas se passaram com alguma morosidade, com equívocos e descaminhos certamente inevitáveis e necessários. O uso do papel-colado, da areia e de outros elementos tomados ao real e postos dentro do quadro já indica a necessidade de substituir a ficção pela realidade. Quando mais tarde o dadaísta Kurt Schwitters constrói o seu Merzbau — feito com objetos ou fragmentos de objetos achados na rua —, ainda é a mesma intenção que se amplia, já agora livre da moldura, no espaço real. Nessa altura, a obra de arte e os objetos parecem se confundir. Sinal dêsse mútuo extravasamento entre a obra de arte e o objeto é a célebre *blague* de Marcel Duchamp enviando para a exposição do Independentes, em Nova Iorque (1916), um urinol-fonte, dêsses que se usam no mictório dos bares. Essa técnica do *ready-made* foi adotada pelos surrealistas. Ela consiste em revelar o objeto deslocando-o de sua função ordinária e assim estabelecendo entre êle e os

demais objetos novas relações. A limitação dêsse processo de transfiguração do objeto está em que êle se funda menos nas qualidades formais do objeto que na sua significação, nas suas relações de uso e hábito cotidianos. Em breve aquela obscuridade característica *de coisa* volta a envolver a obra, reconquistando-a para o nível comum. Nesse *frosl*, os artistas foram batidos pelo objeto.

Dêsse ponto-de-vista, tornam-se bem claras e até certo ponto ingênuas algumas extravagâncias que hoje aparecem como a vanguarda da pintura. Que são as telas cortadas de Fontana expostas na V Bienal senão uma retardada tentativa de destruir o caráter fictício do espaço pictórico pela introdução nêle de um corte real? Que são os quadros de Burri com estôpa, madeira ou ferro, senão o retomar — sem a mesma violência e antes transformando-os em belas-artes — dos processos usados pelos dadaístas? O mal, entretanto, está em que tais obras só conseguem o efeito do primeiro contato, e não logram permanecer na condição transcendente de não-objeto. São objetos curiosos, estranhos, extravagantes — mas objetos.

O caminho seguido pela vanguarda russa mostrou-se bem mais profundo. Os contra-relevos de Tatlin e Rodchenko, como as arquiteturas suprematistas de Malevitch, indicam uma evolução coerente do espaço representado para o espaço real, das formas representadas para as formas *criadas*.

A mesma luta contra o objeto verifica-se na escultura moderna a partir do cubismo. Com Vantongerloo (*De Stijl*) a figura desaparece completamente; com os construtivistas russos (Tatlin, Pevsner, Gabo), a massa é eliminada, e a escultura despoja-se da sua condição de *coisa*. O fenômeno é parecido: se a pintura que nada representa é atraída para a órbita dos objetos, com muito mais fôrça essa atração se exerce sôbre a escultura não-figurativa. Tornada objeto, a escultura livra-se da característica mais comum àquele: a massa. Mas isso não basta. A base — que equivale na escultura à moldura do quadro — fôra eliminada. Vantongerloo e Moholy-Nagy tentaram realizar esculturas que se mantivessem no espaço, sem apoio. Pretendiam eliminar da escultura o pêso, outra característica fundamental do objeto. E o que se verifica é que, enquanto a pintura, liberada de sua intenção representativa, tende a abandonar a superfície para se realizar no espaço, aproximando-se da escultura, esta, liberta da figura, da base e da massa, já bem pouca afinidade mantém com o que tradicionalmente se denominou escultura. Na verdade, há mais afinidade entre um contra-relêvo de Tatlin e uma escultura de Pevsner, do que entre esta e uma obra de Maillol, de Rodin ou de Fídias. O mesmo se pode dizer de um *quadro* de Lygia Clark e uma *escultura* de Amílcar de Castro. Donde se conclui que a pintura e a escultura atuais convergem para um ponto comum, afastando-se cada vez mais de suas origens. Tornam-se objetos especiais — não-objetos — para os quais as denominações de *pintura* e *escultura* já talvez não tenham muita propriedade.

FORMULAÇÃO PRIMEIRA

O problema da moldura e da base, na pintura e na escultura, respectivamente, nunca tinha sido examinado pelos críticos em suas implicações significativas, estéticas. Registrava-se o fenômeno, mas como um detalhe curioso que escapava à verdadeira problemática da obra de arte. O que não se percebia é que a própria obra colocava problemas novos e que ela procurava escapar, para sobreviver, ao circulo fechado da estética tradicional. Romper a moldura e eliminar a base não são, de fato, questões de natureza meramente técnica ou física: trata-se de um esfôrço do artista para libertar-se do quadro convencional da cultura, para reencontrar aquêle "deserto", de que nos fala Malevitch, onde a obra aparece pela primeira vez, livre de qualquer significação que não seja a de seu próprio aparecimento. Dissemos, no início dêste artigo, que tôda obra de arte verdadeira é um não-objeto. Melhor será dizer que tôda obra de arte *tende a ser* um não-objeto e que êsse nome só se aplica, com precisão, àquelas obras que se realizam fora dos limites convencionais da arte, que trazem essa necessidade de deslimite como a intenção fundamental de seu aparecimento.

Colocada a questão nestes têrmos, as experiências tachistas e informais, na pintura e na escultura, mostram-nos a sua face conservadora e reacionária.

Os artistas dessa tendência continuam — embora desesperadamente — a se valer dos apoios convencionais daqueles gêneros artísticos. Nêles o processo é contrário: em lugar de romper a moldura, partem da obra se verta no mundo, conservam a moldura, o quadro, o espaço convencional, e põem o mundo (os materiais brutos) lá dentro. Partem da suposição de que o que está dentro de uma moldura é um quadro, uma obra de arte. É certo que, com isso, também denunciam o fim dessa convenção, mas sem anunciar o caminho futuro.

Esse caminho pode estar na criação dêsses objetos especiais (não-objetos) que se realizam fora de tôda convenção artística e que reafirmam a arte como formulação primeira do mundo.

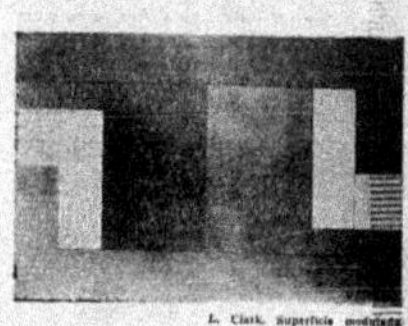

L. Clark, Superfície modulada

Malevitch, Arquitetura suprematista

Tatlin, Contra-relevo

Amílcar de Castro

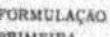

Marcel Duchamp, Ready-made, 1914

Mondrian, Pintura

(1) A expressão não-objeto foi, por sugestão minha, adotada por Lygia Clark para designar os seus últimos trabalhos que são construções feitas diretamente no espaço. Mas o sentido de tal expressão não se restringe a ser o nome de trabalhos particulares, pois não-objetos são também as esculturas de Amílcar de Castro e Franz Weissmann, as últimas obras de Hélio Oiticica, Aloísio Carvão e Décio Vieira, bem como os livro-poemas dos poetas neoconcretos.

suplemento dominical

JORNAL DO BRASIL — sábado, 19 e domingo 20 de dezembro de 1959 dy-made foi adotada pelos surrealistas. Ela consiste em revelar o objeto, deslocando-o de sua função ordinária e assim estabelecendo entre ele e os demais objetos novas relações. A limitação desse processo de transfiguração do objeto está em que ele se funda menos nas qualidades formais do objeto que na sua significação, nas suas elações de uso e hábito cotidianos. Em breve aquela obscuridade característica da coisa volta a envolver a obra, reconquistando-a para o nível comum. Nesse front, os artistas foram batidos pelo objeto.

Desse ponto-de-vista, tornam-se bem claras e até certo ponto ingênuas algumas extravagâncias que hoje aparecem como a vanguarda da pintura. Que são as telas cortadas de Fontana expostas na V Bienal senão uma retardada tentativa de destruir o caráter fictício do espaço pictórico pela introdução nele de um corte real? Que são os quadros de Burri com estopa, madeira ou ferro, senão o retomar — sem a mesma violência e antes transformando-os em belas-artes — dos processos usados pelos dadaístas? O mal, entretanto, está em que tais obras só conseguem o efeito do primeiro contato, e não logram permanecer na condição transcendente de não-objeto. São objetos curiosos, estranhos, extravagantes — mas objetos.

O caminho seguido pela vanguarda russa mostrou-se bem mais profundo. Os contra-relevos de Tatlin e Rodchenko, como as arquiteturas suprematistas de Malevitch, indicam uma evolução coerente do espaço representado para o espaço real, das formas representadas para as formas criadas.

A mesma luta contra o objeto verifica-se na escultura moderna a partir do cubismo. Com Vantongerloo (De Stijl), a figura desaparece completamente; com os construtivistas russos (Tatlin, Pevsner, Gabo), a massa é eliminada, e a es-

cultura despoja-se da sua condição de coisa. O fenômeno
é parecido: se a pintura que nada representa é atraída para
a órbita dos objetos, com muito mais força essa atração se
exerce sobre a escultura não-figurativa. Tornada objeto, a
escultura livra-se da característica mais comum àquele: a
massa. Mas isso não basta. A base — que equivale na escultura à moldura no quadro — fora eliminada. Vantongerloo e
Moholy-Nagy tentaram realizar esculturas que se mantivessem no espaço, sem apoio. Pretendiam eliminar da escultura o peso, outra característica fundamental do objeto. E o
que se verifica é que, enquanto a pintura, liberada de sua intenção representativa, tende a abandonar a superfície para
se realizar no espaço, aproximando-se da escultura, esta, liberta da figura, da base e da massa, já bem pouca afinidade
mantém com o que tradicionalmente se denominou escultura. Na verdade, há mais afinidade entre um contra-relevo de Tatlin e uma escultura de Pevsner, do que entre esta
e uma obra de Millol, de Rodin ou de Fídias. O mesmo se
pode dizer de um quadro de Lygia Clark e uma escultura de
Amílcar de Castro. Donde se conclui que a pintura e a escultura atuais convergem para um ponto comum, afastando-se
cada vez mais de suas origens. Tornam-se objetos especiais
— não-objetos — para os quais as denominações de pintura
e escultura já talvez não tenham muita propriedade.

FORMULAÇÃO PRIMEIRA

O problema da moldura e da base, na pintura e na escultura, respectivamente, nunca tinha sido examinado pelos
críticos em suas implicações significativas, estéticas. Registrava-se o fenômeno, mas como um detalhe curioso que escapava à verdadeira problemática da obra de arte. O que não

se percebia é que a própria obra colocava problemas novos e que ela procurava escapar, para sobreviver, ao círculo fechado da estética tradicional. Romper a moldura e eliminar a base não são, de fato, questões de natureza meramente técnica ou física: trata-se de um esforço do artista para libertar-se do quadro convencional da cultura, para reencontrar aquele "deserto", de que nos fala Malevitch, onde a obra aparece pela primeira vez, livre de qualquer significação que não seja a de seu próprio aparecimento. Dissemos, no início deste artigo, que toda obra de arte verdadeira é um não-objeto. Melhor será dizer que toda obra de arte tende a ser um não-objeto e que esse nome só se aplica, com precisão, àquelas obras que se realizam fora dos limites convencionais da arte, que trazem essa necessidade de deslimite como a intenção fundamental de seu aparecimento.

Colocada a questão nestes termos, as experiências tachistas e informais, na pintura e na escultura, mostram-nos a sua face conservadora e reacionária. Os artistas dessa tendência continuam — embora desesperadamente — a se valer dos apoios convencionais daqueles gêneros artísticos. Neles, o processo é contrário: em lugar de romper a moldura para que a obra se verta no mundo, conservam a moldura, o quadro, o espaço convencional, e põem o mundo (os materiais brutos) lá dentro. Partem da suposição de que o que está dentro de uma moldura é um quadro, uma obra de arte. É certo que, com isso, também denunciam o fim dessa convenção, mas sem anunciar o caminho futuro.

Esse caminho pode estar na criação desses objetos especiais (não-objetos) que se realizam fora de toda convenção artística e que reafirmam a arte como formulação primeira do mundo.

(1) A expressão não-objeto foi, por sugestão minha, adotada por Lygia Clark para designar os seus últimos trabalhos, que são construções feitas diretamente no espaço. Mas o sentido de tal expressão não se restringe a ser o nome de trabalhos particulares, pois não-objetos são também as esculturas de Amílcar de Castro e Franz Weissmann, as últimas obras de Hélio Oiticica, Aloísio Carvão e Décio Vieira, bem como os livro-poemas dos poetas neoconcretos.

SDJB, 19 de dezembro de 1959

"Não", poema de Ferreira Gullar, 1959.

NÃO-OBJETO: POESIA

Ferreira Gullar

A busca de uma expressão não-sintática mas orgânica sempre foi a preocupação dos poetas que, em junho de 1957, criaram uma ala independente, não-ortodoxa, dentro do movimento da poesia concreta. Já no manifesto de rompimento, àquela época, dizíamos: "pretendemos criar um novo habitat para a palavra".

E nesse sentido têm trabalhado esses poetas, que mais tarde definiram melhor a sua posição teórica e adotaram, para suas experiências, a denominação de arte neoconcreta, incluindo-se nela as obras de artistas plásticos que defendem, em seu campo, um ponto-de-vista afim. Essa afinidade, já manifesta nas obras anteriores, aproximou de tal modo os artistas neoconcretos que tornou possível uma colaboração espontânea entre eles, uma troca de experiências entre pintores, escultores e poetas. Honestamente seria impossível precisar até que ponto qualquer dos membros do grupo influenciou aos outros sem deles nada receber. Esse é um fato importante e, nestes termos, inédito na arte brasileira.

Do uso da página como tempo, como duração, campo de irradiação da palavra, criado por ela e para ela, passou-se ao livro-poema, onde já se definia a necessidade de absorver o livro como suporte para integrá-lo totalmente na expressão verbal: o livro deixava de ser o lugar onde se deposita o

poema para participar da estrutura íntima do poema, para
ser também o poema: poema-livro, livro-poema. Com isso o
objeto material era consumido na expressão.

Já se podia ter dado a essa experiência a denominação de
não-objeto, mas o nome só veio depois.

Os trabalhos que divulgamos hoje nestas páginas nasceram diretamente dos livros-poema e guardam — num plano
talvez mais livre — as características fundamentais daqueles:
a integração palavra-suporte e a manuseabilidade. Como o
livro-poema, estes não-objetos solicitam a participação manual do leitor e de tal modo é essencial essa participação que
sem ela o poema não se faz. O gesto é integrado na expressão
verbal e o poema fala também através dele. Em alguns desses
não-objetos usei cor e, por essa razão e pelo papel importante desempenhado neles pelos elementos visuais, tenderia o
leitor a aproximá-los da pintura, do relevo e da escultura. Na
verdade, esses não-objetos verbais guardam uma diferença
essencial com respeito àqueles meios de expressão plástica.
Não só a eleição e organização desses elementos se fazem,
segundo uma intenção verbal, como a presença da palavra
empresta-lhes um sentido e uma expressão que modifica a
pura experiência visual própria às artes ditas plásticas.

Tampouco os trabalhos que ora publicamos aqui significam uma superação do que foi feito antes pelos poetas
neoconcretos. Este é um dos muitos caminhos que, estamos
convencidos, a poesia neoconcreta abriu com suas buscas.
Se com isso afastamo-nos ainda mais dos processos usuais
da poesia, é que o nosso interesse se volta para a expressão
em seu sentido amplo, pouco nos dando se essa expressão
se insere ou não nos limites de determinado gênero.

Nem por isso nossas experiências terão, obrigatoriamente, um mérito excepcional.

1 — O leitor se defronta com um quadrado preto, com um corte no meio. Ele vai abri-lo para ver o que tem dentro.

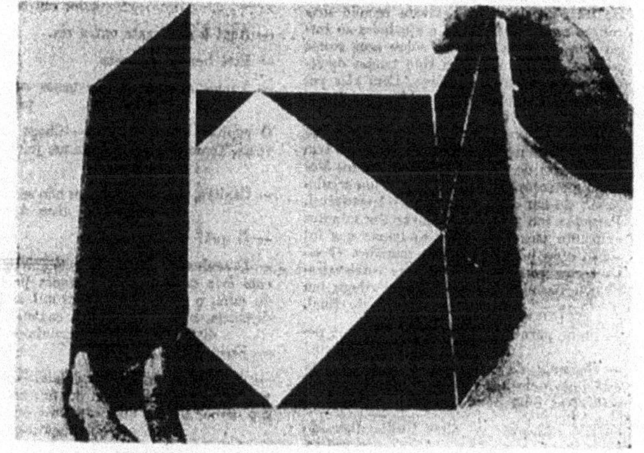

2 — O leitor abre com as mãos as duas placas e se defronta com outra placa branca encaixada no quadrado preto que está por baixo das placas. Essa placa (ou lápide) branca está encaixada até a metade de sua espessura, deixando ver os bordos, que de novo solicitam a mão do leitor.

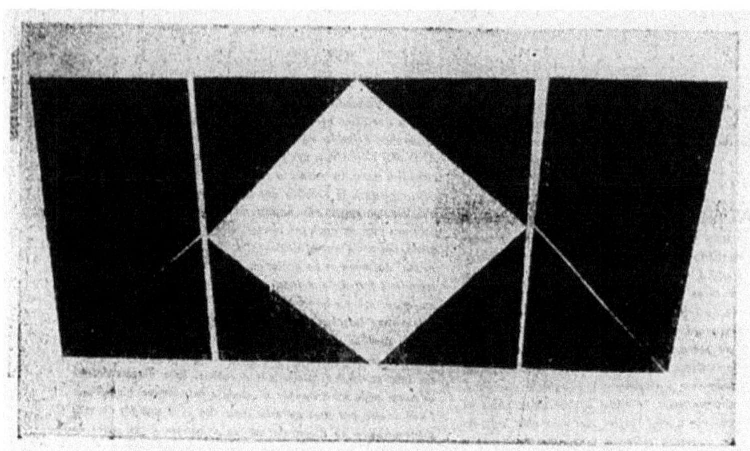

3 — Totalmente aberto, desdobrado, o não-objeto ganha agora uma forma retangular. No verso interno das placas que foram abertas estão as marcas do encaixe, que as integrava na chapa branca. O leitor sente que está lidando com uma coisa organicamente construída.

4 — O leitor retira a placa branca e debaixo dela surge uma superfície vermelha, violenta, onde está escrita a palavra não. Evidentemente, neste, como nos demais trabalhos aqui

apresentados, a fotografia não consegue transmitir a experiência de fato que o leitor teria realizando ele mesmo essas operações. Aqui pretendemos dar apenas uma indicação do funcionamento desses não-objetos. Este não-objeto foi o último desta série e levou-nos a conceber um outro, enterrado no chão e em proporções tais, que permitirão a entrada do próprio leitor no poema. Sobre esse não-objeto enterrado falaremos noutra oportunidade.

*

Também este não-objeto é branco e quadrado; o quadrado menor onde está escrita a palavra bola é amarelo. A placa branca à direta da palavra é móvel. O leitor fá-la deslizar e com isso revela outra palavra, flora, mas esconde a primeira palavra. O autor pretende assim transmitir uma vivência lírica e ingênua que essas palavras evocam.

*

163

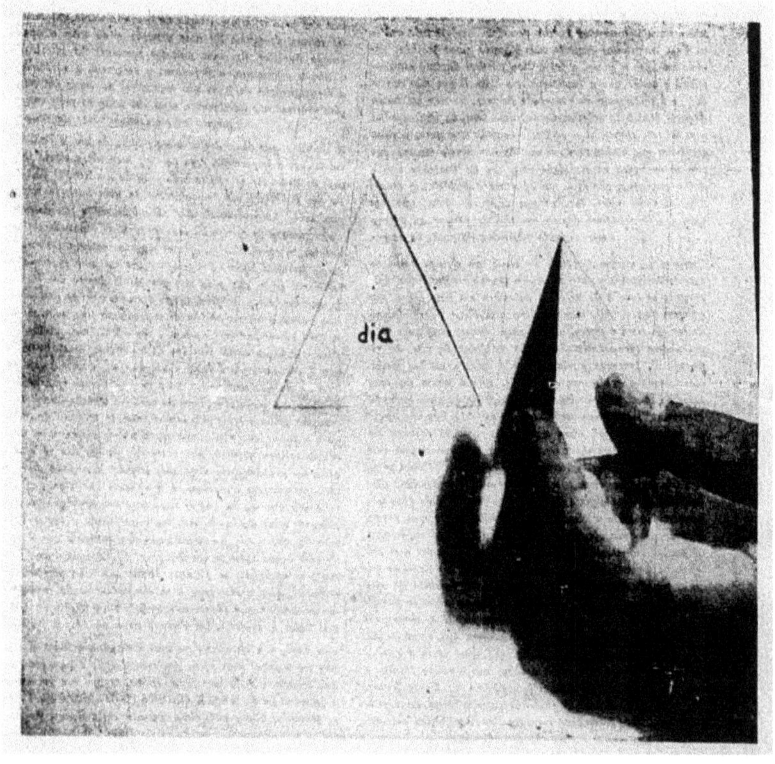

Este não-objeto apresenta-se como um quadrado branco com uma placa triangular que se encaixa no centro do quadrado. O leitor retira a placa, e sob ela está a palavra dia. Observe-se que esse tipo de poema não se esgota com a descoberta da palavra. Recolocada a placa triangular em seu lugar, o quadrado branco já não é o mesmo: o sentido da palavra que pulsa escondida nele se comunica à forma.

SDJB, 27 de fevereiro de 1960

DIÁLOGO SOBRE O NÃO-OBJETO

Ferreira Gullar

Na primeira página do SDJB de 19 e 20 de dezembro de 1959, publicamos a Teoria do Não-Objeto, em que pela primeira vez se trazia a público esse problema. Tratava-se de uma descrição sumária, sob ângulo histórico, do processo que conduziu a arte contemporânea à eliminação total do objeto em sua linguagem e ao nascimento do não-objeto. Hoje pretendemos ter aprofundado o problema e tornado mais fácil a sua compreensão. Aquele primeiro trabalho servirá como uma introdução geral ao assunto e tornará mais compreensíveis certos pontos do texto que publicamos aqui.

A — Que é o não-objeto?

B — É preciso primeiro saber o que entendo aqui por objeto. Entendo aqui por objeto a coisa material tal como se dá a nós, naturalmente, ligada às designações e usos cotidianos: a borracha, o lápis, a pêra, o sapato etc. Nessa condição, o objeto se esgota na referência de uso e de sentido. Por contradição, podemos estabelecer uma primeira definição do não-objeto: o não-objeto não se esgota nas referências de uso e sentido porque não se insere na condição do útil e da designação verbal.

A — Mas os objetos tampouco se esgotam sempre naquelas referências. Sob o nome pêra, está a pêra com a sua densidade material de coisa.

B — Sim. Quando nos subtraimos à ordem cultural do mundo, vemos os objetos sem nome — e nos defrontamos com a sua opacidade de coisa. Pode-se dizer que, nessas circunstâncias, o objeto torna-se próximo do que chamo de não-objeto, mas precisamente neste ponto manifesta-se a diferença fundamental entre os dois: sem nome, o objeto torna-se uma presença absurda, opaca, em que a percepção esbarra: sem nome, o objeto é impenetrável, inabordável, clara e insuportavelmente exterior ao sujeito. O não-objeto não possui essa opacidade, e daí o seu nome: o não-objeto é transparente à percepção, no sentido de que se franqueia a ela. E a diferença entre os dois torna-se mais precisa: só pelas conotações que o nome e o uso estabelecem entre o objeto e o mundo do sujeito, pode o objeto ser apreendido e assimilado pelo sujeito. É, pois, o objeto, um ser híbrido, composto de nome e coisa, como duas camadas superpostas das quais uma apenas se rende ao homem — o nome. O não-objeto, pelo contrário, é uno, íntegro, franco. A relação que mantém com o sujeito dispensa intermediário. Ele possui uma significação também, mas essa significação é imanente à sua própria forma, que é pura significação.

A — Noutras palavras, você diz que o não-objeto é um objeto total, integral?

B — Coloquemos o problema nos termos da filosofia existencial sartreana. Enquanto o sujeito existe para si, o objeto, a coisa, existe em si. Deixando de lado as implicações que o filósofo tira dessa contradição fundamental, fiquemos com o fato de que ela reafirma a opacidade da coisa que repousa em si mesma e a perplexidade do homem que sente exilado entre elas. Um tecido de significações e intenções constitui o mundo humano, sob o qual persiste a opacidade do mundo inumano, exterior ao homem. A experiência do objeto-sem-nome é a experiência do exílio. A luta por vencer a contradiçlão sujeito-objeto está no cerne de todo o conhecimento humano, de toda a experiência humana e, particularmente, na realização da obra de arte. Um pintor que figura uma natureza morta não está fazendo outra coisa senão tentando resolver essa contradição. Ao representar aqueles objetos cotidianos, o artista caminha do nível conceitual em que eles usualmente se encontram para o nível estético, onde uma significação, não-conceitual, emerge neles: a significação imanente à forma.

A — Nesse caso, uma natureza morta é também um não-objeto.

B — Não. Um objeto representado é quase-objeto: é como se fosse um objeto: ele se desprende da condição de objeto mas não atinge a de não-objeto: é, com referência ao objeto real, um objeto fictício. O não-objeto não é uma representação, mas uma presentação. Se o objeto está num extremo da experiência, o não-objeto está no outro, e o objeto representado está no entre os dois, a meio caminho.

A — Se é assim, que diferença existe entre a significação imanente à forma do quase-objeto e a significação imanente à forma do não-objeto?

B — A diferença reside no fato de que o quase-objeto é representação de um objeto real, enquanto o não-objeto não representa nada, mas apenas se apresenta. Ora, desse modo, a significação que se revela na forma de um e de outro não é da mesma natureza. Partindo do objeto real, o artista que o representa na tela consegue desligá-lo das relações conceituais — transfigurando-o na forma, na cor, na situação espacial — mas jamais logrará cortar definitivamente esses liagens que estão na fonte mesma de sua experiência: a significação que se dá no quase-objeto estava imanente no objeto. Isso não se verifica no caso do não-objeto que, por não se referir a nenhum objeto real, por ser o aparecimento primeiro de uma forma, funda em si mesmo sua significação.

A — Poder-se-ia dizer, então, que toda pintura não-figurativa é um não-objeto?

B — Também não. A diferença entre a pintura figurativa e a pintura abstrata é de grau mas não de natureza. A pintura não-figurativa, embora realize um grau maior de abstração, ainda se mantém presa ao problema da representação do objeto.

A — Mas como, se o objeto já não aparece nela?

B — Tomemos, por exemplo, a pintura de dois dos mais importantes criadores da arte não-figurativa: Mondrian e Malevitch. É fato que a figura do objeto já não aparece em seus quadros, mas, para Malevitch, o quadrado preto sobre fundo branco é a "sensibilidade da ausência do objeto" e, para Mondrian, as verticais e horizontais exprimem o conflito fundamental da natureza. Noutras palavras, essas formas e linhas geométricas substituem ali os objetos, são uma alusão extrema a eles. Mesmo que Mondrian e Malevithc não expressassem, em suas teorias, essa relação, nem por isso deixaríamos de vê-la. Na verdade, nos quadros de Mondrian e Malevitch permanece a oposiçao da figura geométrica sobre um fundo metafórico, de representação. Digo metafórico porque o espaço, ali, simboliza o espaço do mundo, da mesma forma que as formas simbolizam os objetos. por ser metafórico, fictício, esse espaço se confina naturalmente nos limites da tela, e mesmo se a moldura desses quadros se resume a uma simples régua de madeira, sua função é ainda de moldura. Tampouco adiantaria retirar materialmente a moldura desses quadros, uma vez que é da natureza daquele espaço pintado ali o confinamento, a incomunicabilidade com o espaço exterior. O mesmo pode-se dizer das obras de Kandinsky e seus seguidores. Trata-se de um espaço de representação abstrata. Esse espaço não existe no não-objeto, que é, por definição, não-representativo, mas presentativo.

A — Pretende você dizer que o não-objeto resolve a contradição figura-fundo?

B — No plano da percepção essa contradição é insolúvel, uma vez que o fundo é condição mesma do perceber: tudo que se percebe está sobre um fundo. Daí o impasse a que chegou a arte abstrata, após ter reduzido sua expressão ao campo da percepção pura: topou com esse dualismo insuperável que repete, noutro plano, a contradição sujeito-objeto. No não-objeto, por não se por o problema da representação, o da figura-fundo também não se põe. O fundo sobre o qual se percebe o não-objeto não é o fundo metafórico da expressão abstrata, mas o espaço real — o mundo.

A — É, pois, o mesmo fundo sobre o qual se percebem os objetos, não?

B — De certo modo, sim. Liberto da base e da moldura, o não-objeto insere-se diretametne no espaço, do mesmo modo que um objeto. Mas aquela transparência estrutural do não-objeto, que o distingue ao objeto, permite-nos dizer que ele transcende o espaço, e não por iludi-lo (como faz o objeto), mas por nele se inserir radicalmente. Nascendo diretamente no e do espaço, o não-objeto é ao mesmo tempo um trabalhar e um refundar desse espaço: o renascer permanente da forma e do espaço. Essa transformação espacial é a própria condição de nascimento do não-objeto.

A — Você falou em moldura e base. Basta eliminar esses elementos para fazer um não-objeto?

B — Não, da mesma maneira que não bastava eliminar a figura para fazer um bom quadro abstrato. Não se trata da presença ou ausência material da moldura ou da base. Trata-se de criar sem o apoio desses elementos. A moldura e a base, na pintura e na escultura respectivamente, condicionam a expressão do artista e são, também, os marcos de uma determinada posição em face da arte. O que importa, pois, não é fazer um quadro sem moldura ou uma escultura sem base, mas resolver os novos problemas que se põem quando a expressão já não conta com aqueles elementos.

A — Que significam a moldura e a base?

B — Significam que a linguagem da obra é representativa, mesmo se as formas são abstratas (falo da base e da moldura como elementos pressupostos na expressão). Quando o problema da representação é ultrapassado, a moldura e a base perdem a função. mas não basta simplesmente retirá-las da obra. No caso da escultura, a base indica uma posição privilegiada, e se a escultura não possui base (materialmente falando), mas detém aquele privilégio, o problema da base continua inerente a ela. Não se trata, portanto de um não-objeto.

A — Conclui-se daí que a não-representação é um caráter básico do não-objeto. E ele ainda pode ser pintura ou escultura?

B — As considerações a que nos obriga o aparecimento do não-objeto, conduziu-nos a ver a representação como um elemento inerente à pintura e à escultura. Ao contrário do que se vem afirmando há pelos menos 50 anos, só em alguns casos excepcionais a arte contemporânea ultrapassou o problema da representação. Essas exceções — os contra-relevos de Tatlin, as arquiteturas suprematistas de Malevitch — estão fora das definições do que seja pintura, escultura, arquitetura. O mesmo se dá com os trabalhos do grupo neoconcreto — e daí o nome de não-objeto. Acredito que uma arte realmente não-representativa repele as noções acadêmicas de gênero artístico. O próprio conceito de arte vacila, se não tomamos na acepção fundamental de experiência primeira.

A — Quer dizer que, na sua opinião, pintura e escultura acabaram...

B — Ou talvez nunca tenham, de fato, existido. Pelo menos na época moderna, todo artista trabalha no limite de sua arte, tentando ultrapassá-lo. Trata-se sempre de uma antiarte. O que importava para Brancusi — quer ele o soubesse ou não — não era fazer escultura, mas a escultura. Contraditoriamente, para fazer a escultura, ele se distanciava cada vez mais de tudo o que se conhecia como escultura. O mesmo pode-se dizer de Pevsner, de Vantongerloo, de Picasso, de Mondrian, de Kandinsky, de Malevitch, de Pollock etc. O artista busca, na pintura ou na esculta, a experiência primeira do mundo, mas a própria pintura (ou escultura) já é um mundo conceituado, que é preciso ultrapassar. E finalmente chegou-se ao momento atual, em que o artista já não se preocupará em fazer pintura ou escultura, para através delas reencontrar a experiência primeira do mundo: tenta precipitar diretamente essa experiência. É uma redescoberta do mundo: as formas, as cores, o espaço não pertencem a esta ou àquela linguagem artística mas, antes, ao mundo mesmo, à experiência viva e indeterminada do homem. Lidar diretamente com esses elementos, fora dos quadros institucionais da arte, é lidar diretamente com o mundo, é formulá-lo pela primeira vez. E aqui, observa-se outra diferença fundamental entre um quadro e um não-objeto: aquele nasce de um esforço do artista para, gradativamente, romper o mundo já conceitual da linguagem artística — vem-se de fora para dentro, da significação usual para uma nova significação; o não-objeto irrompe de dentro para fora, da não-significação para a significação.

A — Dentro da teoria do não-objeto, como se coloca precisamente o problema da poesia?

B — Também o poeta busca a experiência primeira do mundo, também ele trabalha no limite da linguagem poética. Na época moderna, vimos a destruição das formas fixas de estrofe, de verso, para chegar-se ao verso livre. Mas, depois, o veso livre também tornou-se um instrumento estereotipado: rebentou-se a sintaxe e chegou-se à palavra como elemento primeiro. Da mesma maneira que a cor libertou-se da pintura, a palavra libertou-se da poesia. O poeta tem a palavra, mas já não tem um quadro estético preestablecido onde colocá-la habilmente. Ele se defronta com ela desarmado, sem nenhuma possibilidade definida, mas com todas as possibilidades indefinidas. o que importa não é fazer um poema — nem mesmo fazer um não-objeto — mas revelar o quanto de mundo se deposita na palavra.

A — Você já escreveu que, no que se refere à poesia, o não-objeto é a procura de um lugar para a palavra. Que quer dizer isto?

B — É que a palavra ou está na frase — onde perde sua individualidade — ou no dicionário, onde se encontra sozinha e mutilada, pois é dada como mera denotação. O não-objeto verbal é o antidicionário: o lugar onde a palavra isolada irradia toda a sua carga. Os elementos visuais que ali se casam a ela têm a função de explicitar, intensificar, concretizar a multivocidade que a palavra encerra.

A — Há, então, uma fusão de pintura, relevo, escultura e poesia?

B — Creio que não. Planos, formas, cores, são elementos da realidade, antes de serem elementos de uma linguagem artística. No não-objeto, os elementos plásticos não são usados com o mesmo sentido que na pintura ou na escultura. Já são escolhidos segundo um propósito verbal, isto é: da mesma maneira que um poeta tradicional elabora seu poema convocando e repelindo palavras, o poeta neoconcreto convoca, além das palavras, formas, cores, movimentos, num nível em que a linguagem verbal e a linguagem plástica se interpenetram. Ninguém ignora que nenhuma experiência humana se limita a um dos cinco sentidos do homem, uma vez que o homem reage cm uma totalidade e que, na "simbóllica geral do corpo" (M. Ponty), os sentidos se decifram uns aos outros.

A — O não-objeto deve ter movimento?

B — Nesta altura, cabe esclarecer que não digo como deve ser o não-objeto, mas apenas defino o que já existe, o que está feito. A maioria dos não-objetos existentes implica, de uma forma ou de outra, no movimento sobre ele do espectador ou do leitor. O espectador é solicitado a usar o não-objeto. A mera contemplação não basta para revelar o sentido da obra — e o espectador passa da contemplação à ação. Mas o que a sua ação produz é a obra mesma, porque esse uso, previsto na estrutura da obra, é absorvido por ela, revela-a e incorpora-se à sua significação. O não-objeto é concedido no tempo: é uma imobilidade aberta a uma mobilidade aberta a uma imobilidade aberta. A contemplação conduz à ação que conduz a uma nova contemplação. Diante do espectador, o não-objeto apresenta-se como inconcluso e lhe oferece os meios de ser concluído. O espectador age, mas o tempo de sua ação não flui, não transcende a obra, não se perde além dela: incorpora-se a ela, e dura. A ação não consome a obra, mas a enriquece: depois da ação, a obra é mais que antes — e essa segunda contemplação já contém, além da forma vista pela primeira vez, um passado em que o espectador e a obra se fundiram: ele verteu nela o seu tempo. O não-objeto reclama o espectador (trata-se ainda de espectador?) não como testemunha passiva de sua existência, mas como a condição mesma de seu fazer-se. Sem ele, a obra existe apenas em potência, à espera do gesto humano que a atualiza.

SDJB, 26 de março de 1960

A NOVA POESIA

Theon Spanudis

Para que possamos entender bem o caráter ou o espírito da nova poesia (concreta e neoconcreta), teremos que encará-la primeiro como continuação daquele movimento poético: o movimento simbolista, que no século passado eclodiu principalmente em França, como reação contra os abusos retóricos, prolixos e discursivos dos românticos.

Os simbolistas tentaram reconquistar a palavra significativa, a palavra viva que não fosse apenas o signo intelectivo de uma coisa ou ideia, mas que fosse ela mesma como uma coisa viva e com toda a riqueza de um ser vivo. Ou, visto de um outro ângulo: a luta contra o desgaste da palavra, que na prolixidade discursiva virou apenas o meio de expansões conteudísticas, perdendo a sua própria existência polivalente, e tornando-se mero signo das coisas ou das ideias. Com este movimento que ao mesmo tempo aspirava a objetivos metafísicos, religiosos e mágicos, começou a transformação da poesia tradicional e a formação da poesia moderna, produto da qual é a poesia nova, concreta e neoconcreta. As modificações realizaram-se em planos diversos, os mais importantes dos quais são: 1º — o plano do discurso; 2º — o plano da sintaxe, e um terceiro elemento, o da visualização, que examinaremos por último.

1º — a palavra discurso contém em si a palavra curso, que significa direção de um movimento e, como todo movimento é uma manifestação tempórica, discurso seria a comunicação verbal ("de per se" um fenômeno tempórico) de conteúdos tempóricos (quer dizer, de conteúdos de sequência tempórica). Sabe-se, principalmente pelo estudo de Joseph Frank, "Spatial Form in Modern Literature", e pelo estudo de José Guilherme Merquior, "Neolackoon", que a literatura moderna (poesia e prosa) tentou sair fora do fluxo tempórico da comunicação discursiva tradicional, ganhando com isto aspectos espaciais até então típicos das artes plásticas mas não das artes tempóricas (as verbais e as musicais).

O método, "par excellence", desta tentativa de sair do fluxo tempórico para ganhar uma existência e estrutura espacial, a-tempórica ao máximo possível, é a fragmentação do discurso e a justaposição espacial dos fragmentos. "Waste Land", de Eliot e os *Cantos* de Pound são exemplos típicos. Na prosa: a cena da feira regional de *Madame Bovary* de Flaubert, *A la Recherche du Temps Perdu*, de Proust e o *Ulysses* de Joyce. No campo da poesia a primeira tentativa deste tipo é o poema "Un Coup de Dès", de Mallarmé, o primeiro poema cubista — como foi chamada por Stanislas Fumet — onde a frase principal, o verso-eixo de todo o poema ("un coup de dés jamais n'abolira le hazard", é fragmentada em três partes, entre as quais se intercala quase que todo o resto do poema.

As formas métricas da poesia tradicional foram naturalmente abaladas por esta tentativa. O verso livre saiu como um dos produtos desta operação. Seria um erro dizer que toda esta tentativa de uma espacialização do discurso versus o seu fluxo tempórico tradicional foi realizada para re--ganhar a palavra viva, a palavra significativa. Mas não resta dúvida de que toda esta modificação contribuiu muitíssimo e facilitou a sua reconquista.

Além de Mallarmé, do ponto de vista histórico, temos de mencionar também Hölderlin. Sabe-se que Hölderlin utilizava-se conscientemente da inversão de sequência dos períodos para sair fora do fluxo tempórico discursivo e conquistar com isto a existência espacial e a-tempórica da comunicação. Mesmo a inversão sintática, a colocação do sujeito no fim da frase em vez de no começo, foi sistematicamente utilizada por ele para valorizar o sujeito em vez do predicado, opondo-se com isto radicalmente ao uso da sintaxe tradicional. Parece que, no caso de Hölderlin, todas estas inovações foram realizadas em busca da palavra significativa, o objetivo principal de toda a sua obra. Como Hannes Maeder constata no seu estudo, "Hölderlin um das Worts", Hölderlin não queria a palavra descritiva, a palavra referencial, mas a palavra que fala, a palavra falante e auto-
-existente.

2º — Se as modificações discursivas acabaram com as formas poéticas tradicionais, os diversos metros, formas de versificação, e na prosa com a frase, o período, etc., poderíamos encarar as modificações sintáticas como a continuação microscópica deste processo microscópico da espacialização da comunicação verbal versus o seu fluxo tempórico tradicional, que, por sua vez, contribuiu muito para tornar a palavra um ser espacial, quer dizer, um ser vivo, com existência física própria, peso, materialidade e expressividade, em vez de somente signo de coisas e ideias a serem transmitidas discursivamente. Jean Gebser, no seu livro *Der Gramatische Spiegel*, constata as seguintes modificações sintáticas que, desde a época dos românticos se operaram no campo da poesia; equalização do sujeito do predicado; transformação do adjetivo em adjetivo poli-referencial (aquele que não se refere mais a um substantivo só, mas a vários ao mesmo tempo); transformação do advérbio em adjetivo poli-referencial; uso do infinitivo do verbo como substantivo e a troca, ou inversão, de sujeito e predicado, comum desde Hölderlin até Rilke. No caso de um Trakl, por exemplo, várias vezes se torna absolutamente impossível poder diferenciar sujeito de predicado, porque não se sabe mais a qual dos dois o verbo se refere. Todas estas modificações, se examinadas minuciosamente, mostram a mesma tendência: a de tornar a comunicação verbal uma manifestação mais espacial do que tempórica. Também contribuiram para a superação da sintaxe tradicional as manifestações anárquicas da poesia expressionista, dadaísta, futurista, surrealista e infantilista. E, mesmo as tendências arcaicas, muito comuns na poesia de hoje — como, por exemplo, o fenômeno da assonância e da aliteração, reintroduzido por Hopkins, em plena época vitoriana, na poesia inglesa — contribuíram, por sua vez, para a espacialização da palavra, a materialização da mesma (por exemplo: a assonância e a aliteração, que criam uma densidade material e acústica), tendências que operam contra o fluxo tempórico do discurso, contra o abuso discursivo da palavra. Naturalmente, a sintaxe não foi anulada com todas estas modificações. E nem poderia. Um certo tipo de sintaxe existirá sempre em toda comunicação verbal. Apenas a sintaxe tradicional foi superada e diluída ao máximo possível, sem regressar aos tipos de sintaxe arcaica. Modificações análogas e, mais ou menos, concomitantes houve no campo da pintura: o abandono da perspectiva e da tridimensionalidade, e como isto, naturalmente, da figuração naturalística dos objetos; no campo da música, o abandono do desenvolvimento melódico e a entrada das formas espaciais, que começa com o uso estrutural dos "leitmotiv" de Wagner. O resultado desta transformação global que se operou em todas as artes, gradativamente e por etapas, foi a libertação dos elementos artísticos, ou estéticos, das suas amarras tradicionais. Nas artes plásticas, cor e elementos formais e espaciais, tornaram-se novas realidade existenciais, expressivas "de per se", libertando-se do seu papel antigo de meros escravos referenciais na figuração do mundo objetal. Som e ritmo, no campo da música, libertaram-se da sua subordinação ao desenvolvimento melódico; e na poesia, tanto a palavra como o ritmo vivencial libertaram-se dos liames discursivos e sintáticos. Assim, com este novo material, a palavra liberta das suas antigas obrigações, a palavra viva, a palavra significativa, a palavra-coisa (não importa o nome que escolhamos), é que começa a nova poesia.

Antes, porém, de entrarmos no assunto da mesma poesia concreta e neoconcreta, achamos útil uma interpolação histórica para qualificar ainda melhor aquilo que entendemos como palavra-ser ou palavra-coisa. Georgiades, o atual catedrático de musicologia da universidade de Munique, considerado como o maior conhecedor e pesquisador da música e rítmica dos gregos antigos, no seu livro *Musik und Rhythus del den Griechen*, afirma (e suas afirmações devem ser válidas mesmo para vários povos primitivos) que na Grécia arcaica, pré-clássica e clássica, não existia uma arte da música independente da palavra e da poesia. A palavra, nesse tempo, tinha uma rítmica e melodia tradicionalmente fixada, e provavelmente uma métrica também correspondente. Ritmos independentes da palavra, ritmos abstratos, por assim dizer, que poderiam ser enchidos com palavras ou sons, como na poesia e música ocidentais, nessa época ainda não existiam. O único ritmo, a única melodia que existia era a da própria palavra. A diferença entre prosa e poesia era gradual. Ambas eram rítmicas melódicas e miméticas. Somente que a poesia operava com ritmos mais controlados. Cada sílaba tinha a sua duração fixa que nunca devia ser alterada. Alongar ou encurtar a duração das sílabas por motivos de expressividade emocional, tão comum entre nós, era uma coisa inconcebível. Quando Eurípedes começou, por influências asiáticas, a alterar a duração fixa das sílabas por motivo de expressividade intencional, provocou um escândalo generalizado e foi acusado (como o foi, também, Sócrates) de desviar e ameaçar destruir os valores religiosos e tradicionais. Esta palavra, fixa então, como uma máscara, não prestava para expressões subjetivas e emocionais. Ela era, realmente, um objeto material fora do homem, oferecido, dado ao homem pelos deuses, do qual ele poderia participar, mas com muita cautela, respeito e, sem dúvida com riqueza vivencial. A palavra não era ainda a moeda tão gasta de todo dia da intercomunicação e expressividade subjetiva. Além disso, de acordo com Georgíades, a palavra nesse tempo não era o signo de uma coisa, mas a coisa mesmo, o que naturalmente aumentava ainda mais o respeito para com a sua utilização. Com o tempo, porém, a palavra perdeu o caráter de objeto-exterior, perdeu sua rítmica e melodia fixa (a música tornou-se uma arte independente), e se transformou na palavra internalizada, subjetivamente maleável, signo das coisas e de expressividade subjetiva. O marco histórico desta transformação definitiva, Georgíades vê na prosa introspectiva de Santo Agostinho. Esta prosa seria inconcebível no tempo do grego e do latim clássico, porque a palavra objeto-exterior, com todas as suas características físicas e materiais, nunca se prestaria para a comunicação das riquezas e finuras psicológicas e introspectivas.

Não resta dúvida de que a palavra objeto-exterior foi para sempre perdida, pelos menos para as línguas europeias. Mas é bem provável que toda esta busca da palavra viva, da palavra significativa, da palavra ser, da palavra que não descreve mas que fala, como Hölderlin diria, seja, em última análise, a busca da palavra objeto-exterior, havia tanto perdida. Mas, mesmo assim, aproximações que vitalizam de novo a palavra gasta, são apreciáveis sob todos os pontos de vista.

Entraremos, agora, no assunto da poesia nova, concreta e neoconcreta. As ideias e definições descritivas que desenvolveremos sobre o assunto representam apenas as nossas opiniões particulares. A nosso ver, a poesia concreta começa com Gomringer, que, em 1953, publica o seu volume de poemas com o título "Konstellationen". Gomringer toma a palavra despida de todos os compromissos e usos tradicionais, como material básico da sua poesia. Poucas palavras nuas ou puras, por assim dizer, (duas ao mínimo) numa relação vivencial entre si, fornecem o ponto de partida para um poema. Estas palavras são combinadas das várias maneiras, além de qualquer sintaxe tradicional. O resultado são formações verbais dinâmicas, instáveis e reversíveis. O leitor, ao receber o impacto desta arte combinatória, percebe que, entre inúmeras possibilidades de combinação, o poeta se encaminhou somente para aquelas que correspondem a sua vivência e a seu temperamento. Esta é a poesia de Gomringer: combinatória do elemento palavra pura, em formações dinâmicas, instáveis, transintáticas e transcursivas, que ele mesmo chamou, com toda razão, de "constelações". O livro de Gomringer tornou-se conhecido no Brasil em 1955. Já neste tempo existia o grupo carioca e o grupo paulista, cada um partindo de diferentes premissas nas suas experimentações com a palavra. Um dos méritos indiscutíveis dos paulistas foi de ter proposto o nome de poesia concreta (mesmo que com motivos errados) e o de ter tentado a primeira definição da mesma, que seria, segundo eles, uma estrutura chamada de verbivocovisual — e, acrescentaríamos, dinâmica e instável. O mérito dos cariocas foi o de ter realizado, na prática, independente das formulações teóricas dos paulistas, aquilo que os paulistas conceberam teoricamente, mas não souberam executar: o poema como estrutura verbivocovisual. O seu medo exagerado de uma possível expressividade vivencial, que, naturalmente, seria subjetiva, e sua obsessão em criar um objeto verbal tão fora e distante deles e que não tivesse mais nenhuma contaminação com subjetivismos afetivos, levou-se, com pouquíssimas exceções, a construir apenas estruturas visuais, desenhos abstratos e geométricos, com a palavra funcionando como material gráfico. Poemas concretos vivos, expressivos e, realmente, verbivocovisuais, realizaram somente os cariocas. Lembraremos, como exemplo, o poema "verde erva", de Gullar. O segundo mérito do grupo do Rio foi o de haver rompido e se separado dos paulistas em 1957, rejeitando o seu racionalismo mecanicista exacerbado e antivivencial, e salvando este tipo de poesia de seu impasse definitivo, insistindo em que, sem vivência interna e afetiva, e sem expressividade, não seria jamais possível realizar um poema vivo e expressivo. Esta posição muito sadia dos cariocas permitiu um desenvolvimento posterior da poesia concreta, que levou Gullar a publicar, em 1958, o seu poema "árvore", que, a nosso ver, marca cronologicamente o início da poesia neoconcreta. Neste poema, percebemos que Gullar abandona quase que completamente a noção de estrutura (mesmo porque o poema é realizado com apenas um elemento verbal e falta o segundo para criar as tensões dinâ micas e o equilíbrio instável como, por exemplo, no poema "verde erva"), e introduz um novo elemento que interpretamos como sendo a expressividade espacial, queremos dizer, a visualização do tempo interior, a materialização visual da rítmica e tempórica da própria vivência poética. Pelo menos foi assim que, da nossa parte, interpretamos esse poema. O nosso ponto de partida em matéria de poesia concreta foi, desde 1957, diretamente a poesia de Gomringer. Em 1958, de um poesia combinatória tipo Gomringer, desenvolvemos uma poesia em que a expressividade espacial se comunicava, falava, por assim dizer, tanto quanto a palavra ou, talvez, mais ainda. Não sabíamos se poderíamos considerar ainda como poema algo que se exprimia mais pelo espaço do que pela palavra. O encontro com o poema "árvore" de Gullar, que interpretamos em termos iguais aos da nossa pesquisa, deu-nos um novo impulso, para continuar na elaboração da expressividade espacial, cujo fruto — realizado em grande parte em Salvador — foi o livro de poemas publicado como número 2 da Coleção Espaço. Esta foi a nossa contribuição no campo da nova poesia: a elaboração consciente da expressividade espacial, que não tem nada que ver com o grafismo, imitação da pintura, figuração figurativa, abstrata ou geométrica, mas é apenas a visualização ou materialização, em termos espaciais, da rítmica e tempórica interior da vivência poética.

Gullar, por sua vez, continuou explorando, ao máximo, a expressividade espacial nos seus livros-poemas — uma invenção sua — onde mesmo o virar das páginas, o desdobrar e fechar das mesmas, faz parte integrante da vivência poética, como materialização do tempo interior, e Reynaldo Jardim, por sua vez, nos seus livros-poema e na sua prosa neoconcreta que, junto com a prosa concreta, foi a sua contribuição original ao campo do novo movimento literário. Este seria o histórico em linhas gerais, e visto pelos nossos olhos.

Se compararmos um poema neoconcreto com um poema concreto, teremos de constatar que o poema neoconcreto é menos estrutural, menos material, menos verbal, menos racional e, num certo sentido, menos estático. Num poema concreto, os elementos verbais não somente qualificam uns aos outros, mas criam, também, as tensões dinâmicas de atração e repulsa entre si. Este conjunto dinâmico e instável é, ao mesmo tempo, apesar do seu dinamismo e instabilidade, algo de estático como conjunto. As tensões estão dentro do mesmo, mas o conjunto, como tal, é algo estático. O poema neoconcreto, qua abandona a estrutura, é muito mais dinâmico. É menos verbal, porque o poema concreto, mesmo se elaborado com poucos elementos verbais, digamos somente dois, pelas repetiçoes, combinações e inversões, torna-se mais comunicativo verbalmente. Pela mesma razão, o poema neoconcreto é menos racional que o concreto. As combinações, repetições e inversões dos concretos, mesmo se rítmicas, mostram uma atividade inventiva do nosso intelecto. Em compensação, o poema neoconcreto se comunica mais pelo tempo interior, pelo tempo vivencial, materializado na expressividade espacial, do que pela comunicação verbal. Esta é também a razão de ser menos racional do que o poema concreto.

A apreciação ou o vivenciar da poesia neoconcreta pressupõe uma sensibilidade toda especial para a comunicação do tempo interior e sua visualização em termos de espaço. Ele é, por assim dizer, mais acusticamente vivenciado, uma vez que podemos escutar o silêncio e sua duração (mesmo que transposto em termos do visual), do que o poema concreto, que provoca dentro de nós uma porção de imagens mentais, pela variação combinativa dos seus elementos verbais. Nesse caso, o poema neoconcreto se aproximaria mais da música, e mais ainda de uma música de pausas do que de sons, se entendermos por pausa o conjunto de impulsos, ritmos e gestos interiores que procedem e seguem o som, ou no caso da fala, a palavra. O tempo vivencial, o tempo interior, aquele que procede e segue a palavra, é o tempo orgânico, é aquele que cria, destrói e recria a palavra infinitamente. E é este tempo orgânico o conteúdo principal da poesia neoconcreta. O fato de que o tempo orgânico é visualizado, materializado em termos de espaço, não pressupõe nenhuma simpatia especial para com o grafismo, imitação da pintura, etc., mas é mero resultado do material com o qual trabalhamos: lápis e papel. Se tivéssemos outro material em mãos, digamos material sonoro (e parece que a estereofonia neste caso poderia ser muito útil), seria absolutamente viável materializar o tempo orgânico em outro meio, que não fosse o gráfico-visual.

Terminando estas comparações, diríamos: o poema neoconcreto é menos estrutural e mais dinâmico; é mais tempo do que verbo. Comparações estas apenas descritivas e de nenhum modo qualificativas. Um bom poema concreto pode ser muito melhor do que um poema pseudo-neoconcreto, ou um poema neoconcreto fraco, e vice-versa. As dificuldades que o público experimenta diante da nova poesia são idênticas àquelas que encontra perante todas as manifestações da arte contemporânea, ou seja, da literatura, da pintura, da escultura e da música. Desde que as artes, em geral, abandonaram o método do desenvolvimento melódico, discursivo, e perspectívico, que tinham, como denominador comum, a sequência tempórica e lógica da apresentação de matéria artística, desapareceu, também, o papel-guia do artista, que, embora ausente, era sempre sentido como presente na arte tradicional, pelo fato da apresenção ter sido sempre uma sequência tempórica e lógica, como se alguém tivesse nos pegado pela mão para nos guiar, aos poucos e por etapas, através do desenvolvimento tempórico. A falta de presença ideacional do artista-guia, a nosso ver, cria o maior obstáculo na apreciação da arte contemporânea. É esta omissão que assusta e impede a aproximação do público não preparado. De fato, na arte contemporânea não há mais o guia, porque os elementos artísticos e estéticos tornaram-se independentes. São eles que falam sozinhos ou entre si. O artista desapareceu por completo detrás ou dentro deles.

***Suplemento Literário do Diário de Notícias,
31 de janeiro de 1960***

POESIA: UMA NOVA EXPERIÊNCIA

Roberto Pontual

A *II Exposição Neoconcreta*, que até 10 de dezembro próximo estará se realizando no Ministério da Educação e Cultura, abre perspectivas do maior interesse para a evolução da arte brasileira em suas diversas manifestações, através de uma série de trabalhos agrupados sob a denominação genérica de não-objetos. Trabalhos em pintura, escultura e poesia: não-objetos característicos de cada uma dessas modalidades de arte. Em meio ao marasmo em que nossa arte atual se debate, num silêncio só perturbado pelos gritos dos que defendem uma arte participante, eminentemente comprometida ou pelos estertores desse tachismo tão reacionário, e passageiro, a presença dos artistas neoconcretos e de suas pesquisas cada vez mais profundas e férteis de resultados é uma prova definitiva da vitalidade que cerca essa tendência. As obras aí estão, agora, para o debate.

Não resta, é certo, a menor dúvida de que a revolta contra as referidas obras será imediata e intransigente, não só por parte do público como também da maioria de artistas e críticos bem-acomodados em suas posições, em seus compromissos. Assim o foi na época em que aqui surgiu o concretismo e hoje, passados cinco anos, o que se vê é um número cada vez maior dos que, de revoltados, se transformaram em utilizadores de muitos recursos antes proibidos, em suas atuais tentativas pseudoconcretas... Porém, apesar disso, quem terá ainda a suficiente coragem de negar os benefícios que aquela tendência trouxe para a arte em nosso país, principalmente, para a poesia, que vinha sofrendo e se deteriorando com a mistificação da geração de 1945? Por certo, só alguns teimosos definitivos. Esses, aliás, não nos interessam.

Muito provavelmente, o leitmotiv dessa revolta será essa tecla já gasta de tão batida: "Eles estão nos enganando! Onde é que anda a arte nesses tais de não-objetos?"

Bem, a arte anda neles mesmos, é o que os constitui ou (tomando emprestado a Heidegger) o que lhes serve de origem. Acontece apenas que, com precipitação, o sujeito tanto pode encontrar arte demais numa obra, como também arte nenhuma. E a precipitação, acrescida de inúmeros preconceitos, e compromissos irrevogavelmente inflexíveis, tem sido atitude frequente em muitos de nossos críticos. Se antes de entrar numa exposição, você põe uma venda nos olhos e mesmo com ela passa em revista todos os trabalhos expostos e, ainda por cima, insiste em criticar e julgar esses trabalhos, claro que não podemos dar muito crédito às suas críticas e julgamentos. O que se tem direito de exigir é, ao menos, um movimento de público e crítica no sentido de compreender, sem preconceitos e teimosias, as intenções objetivadas nas obras que os artistas tragam à mostra, porque ninguém pretenderá negar o fato de que esses artistas se dirigem a um público (o público), pedindo em troca simplesmente que o público se encaminhe para eles através de uma honesta vontade de compreender. Afinal, quando uma obra nada causa numa grande maioria do público, de quem será a culpa: da obra ou do público?

Assim, tendo em vista o que dissemos nessa introdução, algo demorada, nada melhor do que, em vez de estarmos aqui acrescentando novas teorias à teoria já existente, procurar, pelo contrário, firmar esta última através de uma apresentação sistematizada e de uma posterior abordagem fenomenológica de algumas obras características da nova experiência no campo da arte.

É a Ferreira Gullar que se deve o estabelecimento de uma Teoria do Não-objeto. Como decorrência natural já de algumas experiências apresentadas na *I Exposição Neoconcreta*, em março de 1959, (o livro-poema), e que a teoria expressa no "Manifesto" de então não abrangia de modo suficiente, e mais como decorrência de experiências posteriores: os *bichos* de Lygia Clark e esculturas de Amilcar de Castro, por exemplo. Numa série de artigos publicado aqui no *Suplemento* (19/12/1959, 27/2/1960, 26/3/1960 e 2/4/1960), Gullar veio desenvolvendo essa nova teoria, em tentativa de tornar mais compreensível os trabalhos em função dos quais ela se erguia, abrangendo-os dentro de princípios precisos, mas sempre flexíveis.

No primeiro artigo, Gullar buscava desenvolver um retrospecto das experiências nas artes plásticas a partir do momento em que a pintura figurativa teria começado a morrer ("quando os pintores impressionistas, deixando o atelier pelo ar livre, procuraram apreender o objeto imerso na luminosidade natural") até às experiências mais atuais, visando basicamente a localização destas últimas (ou seja: dos não-objetos) dentro de um determinado processo evolutivo. Trecho significativo: "Por isso, quando a pintura abandona radicalmente a representação... Não se trata mais de erguer um espaço metafórico num cantinho bem protegido do mundo, e sim de realizar a obra no espaço real mesmo e de emprestar a esse espaço, pela aparição da obra — objeto especial — uma significação e uma transcendência". Já na edição de 27/2/1960 do SDJB, Gullar apresentava e explicava o funcionamento de três dos seus não-objetos verbais: "Os trabalhos que divulgamos hoje nasceram diretamente dos Iivros-poema e guardam — num plano talvez mais livre — as características fundamentais daqueles: a integração palavra-suporte, a manuseabilidade".

O artigo de 26/3/1960 é, com vistas ao nosso, o mais importante, pois nele Gullar, utilizando o artifício do diálogo, procurava estabelecer as características básicas dos não-objetos, em confronto com os objetos e quase-objetos (esse artigo, aliás deve ser lido e meditado demoradamente pelos que têm ao menos a intenção de tomar contato e compreender a nova experiência, ainda que elementarmente). Objeto é "a coisa material, tal como se dá a nós, naturalmente, ligada às designações e usos cotidianos: a borracha, o lápis etc."; "um ser híbrido, composto de nome e coisa; se esgota na referência de uso e de sentido; apenas o nome se rende ao homem; a coisa é opaca". O quase-objeto é o objeto representado, próprio à obra de arte, o objeto que se transmite através de símbolos; "é como se fosse um objeto: ele se desprende da condição de objeto, mas não atinge a de não-objeto: é, com referência ao objeto real, um objeto fictício. E, finalmente, o não-objeto, que é algo "que não se esgota nas referências de uso e sentido porque não se insere na condição do útil e da designação verbal; é transparente à percepção; não é uma representação, mas uma presentação" (aqui remetemos o leitor ao capítulo de *Philosophy in a New Key*, em que Susanne Langer estuda as diferenças entre "formas simbólicas" e "formas presentativas"). A diferença mais importante é também o caráter inédito entre o objeto e o não-objeto, é a da transparência desse último à percepção ficando eliminada a opacidade característica do primeiro; e entre eles (o não-objeto) e o quase-objeto, a maior diferença: presentação e não mais representação.

Outras citações poderiam ser acrescidas às que utilizamos, procurando tornar compreensiva a experiência do não-objeto antes mesmo de nos determos na apreciação e na descrição sumária de alguns deles. No entanto, agora talvez já seja melhor procurar concretizar esse segundo propósito, evitando que o leitor se perca dentro de uma teorização excessiva que ele não saberá bem como aplicar e por que aplicar às obras de referência. Por uma série de circunstâncias vamos nos deter na apreciação apenas dos não-objetos verbais presentes na atual *Exposição Neoconcreta*, deixando de lado os não-objetos das artes plásticas (obviamente, não porque eles estejam destituídos de valor). E, dentro da totalidade dos não-objetos verbais, nossa atenção estará voltada para os cinco trabalhos expostos por Osmar Dillon, um artista novo que só agora traz a público suas últimas experiências, reunindo-se aos demais expositores sob uma mesma tendência neoconcreta. Não se trata de julgar esses trabalhos — pois que ainda é muito cedo para isso — e sim de meramente descrevê-los e de apreciar algumas de suas características mais interessantes.

Comecemos pelo não-objeto LUA.

Constitui-se de uma placa quadrada de madeira na qual foram escritas as letras L e A, sobre fundo branco; uma superfície de vidro circular, na qual está escrita a letra U, gira em torno de um eixo. Pelo conjunto de placa e vidro, portanto, fica formada a palavra LUA. Esse não-objeto verbal (como, aliás, todos os outros de Osmar Dillon e também de Ferreira Gullar) só vive, só se realiza integralmente através da manipulação. Aqui, lembramos Heidegger: "Se uma obra de arte não pode ser sem ser criada, pois necessita essencialmente dos criadores, tampouco pode o próprio objeto criado chegar a ser existente sem a contemplação" (e, anteriormente, ele mesmo já havia afirmado: "Deixar que uma obra seja obra é o que chamamos a contemplação da obra. Unicamente pela contemplação, a obra se dá em seu ser-criatura como real" — "Origem da obra de arte"). No entanto, contemplá-lo — a esse não-objeto que estamos analisando — estaticamente é fazer com que ele permaneça opaco à percepção e posse integrais: permaneça mudo, como os objetos, inviolável e sem transparência possível. O primeiro contato com a palavra LUA (cabe aqui uma observação importante: a palavra LUA, por si só, não constitui todo o não-objeto; em verdade, este será tudo o que acontecer desde que sua manipulação se inicia até o momento em que ela se encerra) é como o contato com qualquer objeto, mais uma vez conduzindo à contradição sujeito-objeto (para si em si): uma cadeira, uma fruta etc. Nesse momento, o contemplador ainda não possui a palavra LUA (e, em a possuindo, ele possuiria o objeto que ela designa. Aqui, a palavracoisa): realiza, meramente, uma leitura da palavra LUA, correspondente a uma leitura do objeto por ela designado. E encontra pela frente um ser opaco, de interior que jamais se entrega totalmente à percepção.

Porém, iniciada a manipulação — girar o vidro em torno do eixo — o que permanecia mudo e opaco começa a lançar sua fala e a se abrir em sua significação. A palavra LUA vai pouco a pouco se desmembrando, se perdendo, abandonada a uma crescente tensão que atinge o clímax e a saturação aos 180° de giro; nesse ponto, e daí em diante, a tensão não é eliminada, mas sofre uma reversão de sentido e de qualidade: a palavra começa a se ganhar (se bem que o manipulador, muito provavelmente, só mais tarde venha a ter consciência dessa transformação: ele apenas a está realizando) até que, completado o giro de 360°, ela volta a se formar — e com que impacto em quem está processando a manipulação! Ganha-se a si mesma a palavra LUA, não novamente, mas pela primeira vez. A palavra foi virada pelo avesso (já estamos pensando nas confusões que essa nossa frase irá criar. Aliás, com acréscimo, Lygia Clark diz que seus *bichos* não têm avesso: o que adquire evidência quando se considera que os *bichos* são esse próprio avesso). Partindo de um ser opaco original (a palavra LUA), atingiu-se um ser transparente (a palavra LUA formada após sua perda). A transparência não é a da lua enquanto objeto no mundo, exterior à palavra, e sim da própria palavra que, como signo ou símbolo, é a própria lua — a morada do ser de que Heidegger fala ("Die Sprache ist das Haus des Seins"). De João Cabral de Melo Neto: "Flor é a palavra flor". Quando se ganha a palavra o objeto está ganho.

A manipulação é, portanto, o fator que deflagra a significação do não-objeto (entenda-se por significação o que o não-objeto é, como um todo), torna-a presente e a encaminha até seu completar-se que, em verdade, nunca representa um findar da experiência, que pode continuar se processando indefinidamente. Aliás, esse não-objeto nada é, nada significa, antes que o seu manipulador resolva suster a manipulação. Só então ele se completa e atinge sua plenitude. Mais uma observação: ele nada representa de exterior a si próprio, é a pura apresentação de uma experiência não anterior à que ele atualiza: o perder e o ganhar-se da palavra

LUA. E quem o manipula experimenta toda a experiência, sem que dela sobre qualquer resíduo de opacidade ou de incaptabilidade definitiva. O segundo não-objeto de Osmar Dillon, que em seguida iremos analisar, apresenta algumas afinidades, não de estrutura, mas de resultados, com o anterior. É formado por seis folhas de papel transparente, presas entre si, e em cada uma das quais se encontra escrito um dos seis elementos componentes do poema, na ordem:

1. branco
2. muro
3. branco
4. muro
5. muro
6. branco

Antes de prosseguir na explicação desse não-objeto pedimos ao leitor que procure ele mesmo experimentá-lo através dos clichês com que fizemos acompanhar nosso artigo, lembrando apenas, como auxílio, que a manipulação real é um simples virar de páginas, perfeitamente substituível aqui pela focalização de um clichê após outro (mas, deixando bem claro que a experiência só se transmite integralmente quando realizada realmente e não através de um artifício, por mais perfeito que este seja). De início, o leitor terá pela frente um objeto opaco à sua vontade de captação total, fechado em sua presença: já há o poema

brancomuro
mubrancoro
murobranco

Mas há também alguma coisa por detrás ou por dentro do poema, pulsando, solicitando ao leitor (manipulador) que a desvende. Essa coisa é o seu cerne, no avesso, a transparência que o faz transcender a qualidade de puro objeto para se estabelecer como objeto especial — uma pura aparência — que, tendo surgido, logo exigiu para si um nome: e lhe foi conferido o nome de não-objeto. No decorrer da manipulação o poema vai abrindo o seu avesso (vai-se perdendo) até que, virada a última folha onde se encontra escrita apenas a palavra branco, todo esse avesso foi penetrado e o poema integralmente raptado. Uma radical transparência é agora o poema. Devemos acrescentar que esse não-objeto não é a descrição, a representação, de uma experiência do sujeito (autor) com um determinado muro-branco exterior e preexistente ao poema, e sim: a mera apresentação, presentação, de um conteúdo-estrutura que, processada a manipulação, propriamente funda um muro-branco. Isto significa, resumindo, que o não-objeto referido não remete a um muro branco exterior a si mesmo, mas é o próprio muro-branco: todo o murobranco se encontra dentro do não-objeto. Uma experiência primeira do mundo. Portanto: poesia, não importa de que modo transmitida.

Dos três não-objetos verbais restantes de Osmar Dillon, nos limitaremos manter, como colocou o autor, sempre nesses casos, é uma questão de estilo a tão-somente descrever mais um deles: AVE. Sobre uma placa quadrada, azul, foi escrita a palavra AVE duas vezes, num mesmo eixo, em cima e embaixo, como polos opostos; um triângulo branco, contendo a palavra LEVE, foi colado à placa e um outro triângulo, preto, preso por um prego à mesma placa. Este último triângulo é o elemento móvel do não-objeto, responsável pelo surgimento e preenchimento de sua significação. Numa pri-

meira fase, o operador depara com uma palavra (AVE) tornada opaca pelo peso de outra palavra, o adjetivo (LEVE), que
com ela divide ou diversifica a tensão gerada na/pela percepção, impedindo que essa tensão disponha do suficiente poder para penetrar o avesso da palavra (e, portanto, o
avesso do ser), seu cerne, tornando-a transparente. Movido
o triângulo preto, a palavra AVE inferior surge e estabelece o
complexo AVE-LEVE-AVE, onde o adjetivo (a opacidade) começa a se diluir em meio a duas palavras-força que tendem
a suprimi-lo, para, finalmente, desaparecer de todo, juntamente com a palavra AVE superior, à que se havia aderido de
início, deixando viver apenas a palavra AVE inferior em toda
a sua força e função, transparente à percepção e portadora
do ser. AVE: pela palavra o objeto se abre.

Ficamos por aqui em nossas considerações e apresentação de não-objetos verbais. Esta é uma experiência nova,
toda em surgimento, e como tal deve ser encarada. Os artistas que a ela se dedicam o fazem não por mero passatempo
inconsequente, mas como resultado de exigência interior
ineludível que os trouxe até o ponto atual através do lógico
desenvolvimento do caminho que escolheram. Certo é que
a toda nova expressão em arte corresponde a necessidade
de nova sensibilidade por parte do público para que o ciclo
das obras de arte se complete caminhando do autor para o
público e a ele se transmitindo. Sem essa nova sensibilidade, as obras que, no presente artigo, foram objetos de nossa
análise permanecerão fechadas a quem quer que delas se
aproxime, buscando seu significado. Elas oferecem uma coisa; nada adianta querer retirar delas coisa diferente.

As obras desses artistas são, sobretudo, experiências que
os diferenciam, como em nenhuma outra ocasião dos resultados a que ultimamente têm chegado as pesquisas no âm-

bito do concretismo; ressalta, antes de mais nada, o caráter eminentemente orgânico das obras criadas dentro de uma tendência geral neoconcreta e genericamente denominadas de não-objetos, verbais ou plásticos, em clara oposição às intenções e realizações da tendência concreta, que equaciona o problema no sentido de uma evolução do orgânico para o inorgânico. Basta fazer uma leitura, por exemplo, do que Lygia Clark diz a respeito de seus *bichos* para se ter firme noção da organicidade que preside a essas obras. Cada vez mais se cumpre, através dos neoconcretos, as afirmações de Wladimir Weidlé: "Há uma semelhança de estrutura, nitidamente pronunciada, entre as obras de arte, de um lado, e os organismos vivos, do outro"; "Toda a obra de arte se apresenta, primeiramente, como um tecido que imita o tecido celular dos organismos vivos e integralmente composto de unidades de tensão" (Biologia da arte).

Para encerrar, gostaríamos de transcrever dois breves trechos, em especial dedicados aos que insistem em reduzir toda e qualquer vivência à linguagem e para os quais uma poesia que use recursos extralinguísticos de modo algum pode ser considerada como poesia.

De [Guillaume] Apollinaire: "Que não nos espantemos pois, se, com os únicos meios de que ainda dispõem, eles (os poetas) estejam se preparando denodadamente para esta nova arte (mais vasta do que a arte simples das palavras)". *L'esprit nouveau et les poetes* [1918].

E de Susanne Langer: "Os limites da linguagem não são os limites últimos da experiência, e as coisas inacessíveis à linguagem podem possuir suas formas específicas de concepção, vale dizer: seus próprios recursos simbólicos". *Philosophy in a new key.*

SDJB, 26 de novembro de 1960

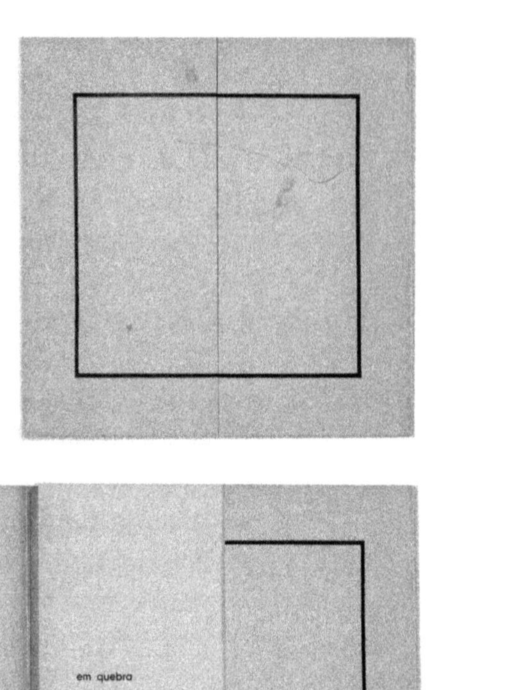

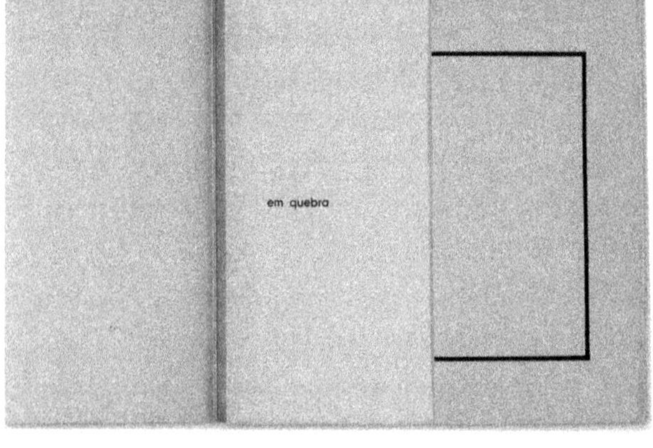

Poemas-gravura de Lygia Pape, 1960.

LIVRO: POEMAS — XILOGRAVURAS

Lygia Pape

É um livro formado por duas partes distintas: poema e gravura.

As duas, lado a lado, perdem sua independência expressiva por uma outra catalizadora, que abrange as duas partes, fundindo-as num todo de conteúdo novo. A contemplação do poema e da gravura dentro das unidades realiza-se dentro de um tempo preciso ao seu significado — o momento de duração exato a essa nova expressividade.

Cada gravura surge do poema correspondente, não como uma ilustração, mas como a configuração plástica da disposição gráfico-espacial das palavras na página. Como se cada palavra irradiasse, sobre o espaço da página, até um determinado limite, uma duração própria e que, essa, por qualidade mesma, forma uma trama invisível que indica a estrutura interna das gravuras, bem expressa através dos meios técnicos próprios: brancos, linhas formadas pelo desencontro da fibra, negros riscados etc... Como exemplo, poderia citar o poema

de vento

de tempo

que corta o quadrado da página por uma grande diago-
nal representada pelo espaço branco entre as duas partes do
poema. Ou o poema

em verde abrange um dos quatro quadrados da página e
perdura se irradia por todo o resto.

Toda essa dinâmica dentro do poema e da gravura ainda tem um sentido virtual. O livro seguinte: livro da criação,
realiza-se já o espaço real.

A narrativa da criação do mundo através da forma plástica se constrói no espaço real, já agora por um ato dinâmico do espectador — o gesto real, que dura mais ou menos
segundo a sensibilidade do espectador. O livro parte de
um estado passivo (repouso) onde só a cor inicialmente
introduz simbolicamente o núcleo do livro. Pelo gesto do
espectador, que dá o tempo expressivo a cada unidade do
livro, segundo suas próprias vivências, surge o significado
primeiro — básico — que levou à formação do livro: a experiência existencial do homem diante das forças da natureza,
a água, o fogo, depois, os grandes períodos culturais, as invenções, etc.

A possibilidade de anexar significados ao livro, pela contribuição do espectador, não lhe modifica o sentido, pois o
livro revela-se a cada pessoa único e primeiro.

Esse sentido de experiência primeiro repete-se no ato físico de cada nova abordagem ao livro: "no fazer e desfazer-
-se". O eixo unitário que atravessa a obra é dado pelo próprio
sentido do livro — criação do mundo — e permite a anexa-
ção de novas unidades.

Os elementos de opção dão a direção escolhida e somente indiretamente são elementos de conteúdo absoluto. Não
há uma intenção histórica, de fatos mais ou menos importantes, mas, sim, coisas que tocam todos os homens num
sentido existencial — universal.

SDJB, 26 de novembro de 1960

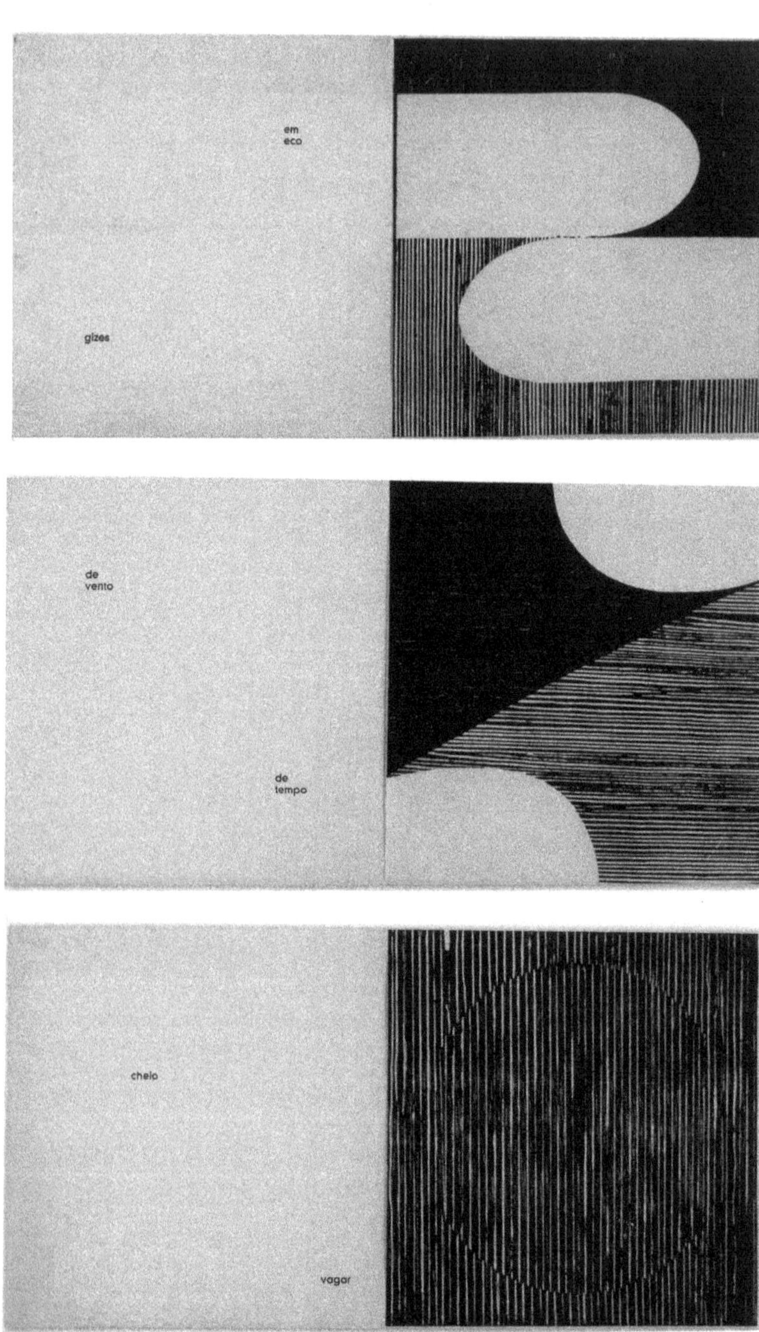

Poemas-gravura de Lygia Pape, 1960.

SOBRE A VERDADEIRA FINALIDADE DO NEOCON-CRETISMO

José Guilherme Merquior

> *Qu'une moyenne étendue de mots, sous la com-*
> *préhension du regard, se range en traits définitifs,*
> *avec quoi le silence.*
> Mallarmé, *Crise de Vers.*

Qual a verdadeira finalidade de uma poesia sem verso? Se o abandono do verso não foi uma brincadeira gratuita, deve haver sólidas razões para a implantação de uma nova e radical técnica poética. Numa palavra, por trás do concretismo e do neoconcretismo existe uma estética, mais precisamente uma poética, sem esquecer que há também uma história. Na verdade, o estabelecimento de uma nova poesia sem verso responde à mais moderna concepção da essência da literatura: está solidamente ligada à ideia de que entre a prosa corrente utilitária e as manifestações da palavra como arte existe uma diferença de natureza. A consciência dessa distinção levou a vanguarda da literatura contemporânea à fundação de um estilo baseado na máxima valorização da palavra-coisa.

Teria sido necessário romper com o verso? A certa altura, isto foi sentido muito agudamente; a decisão foi tomada, e como o reino da hipótese não pertence à história, perdeu interesse saber se ainda se poderiam fazer bons versos: foi resolvido experimentar a poesia fora da área versificatória. E, contudo, não se baniu o verso à toa. Seu exílio castiga sua culpa. O verso havia mostrado uma ambiguidade perniciosa. Contrariava sua essência subVERSiva, que o obriga a violentar a língua corrente, num compromisso irredutível com o próprio discurso comum. A nova poesia nascia então duplamente colocada ante o verso: era reação ao que nele havia de linearidade, e era prosseguimento do que havia nele de antilinear.

Que havia no verso de antilinear? Antilinear é o antidiscurso, a fraude contra a sucessão ilógica das palavras, o roubo do tempo. Antilinear é a poesia que uniu seus membros e acentuou essa relação contra e apesar do discurso. O verso tinha, portanto, três meios antidiscursivos de expressão: o sentido, o som, o ritmo (que tinha no verso uma unidade estrutural). Sem forçar em nada a história da Literatura é facílimo verificar que todo grande poeta teve a medida de sua grandeza na competente utilização dessas potencialidades antidiscursivas. O senso do som como elemento espacial não falta em nenhum poeta, de Píndaro e Virgílio até hoje, passando pelos pangramatismos da Idade Média. O som une as palavras contra a sucessão corrente. A seu lado, o sentido também engana o tempo. Rigorosamente, não há metáfora que não se isole uma imagem fora do contínuo do discurso. Por isso, a cadência de um Saint-John Perse foge à prosa, por isso "La Jeune Parque" é tão atemporal. Em Pound, como depois em Eliot, a consciência do poder espacial do sentido baseia a própria teoria poética: ideograma, poesia atemporal. Em *Finnegans Wake*, a montagem atinge sua obra-prima antiespaço. Som e sentido surgem em cada palavra. Da estrutura de todas nasce o ritmo. Antitempo por definição, por etimologia, por uso histórico, é a medida do tempo, e por isso, seu senhor. Mais: já que o verso é a unidade rítmica do poema, verso e ritmo se confundem. E se a arte é feita de tensões, não reside aqui a razão pela qual todos os grandes poetas rítmicos preferiram estrofes diversificadas à chatice parnasiana do metro certo? De qualquer modo o que a mais pura e antiga tradição nos oferecia de metro variado como que reapareceu nos autores modernos. Pound é um gênio do ritmo; entre nós, Drummond é um arquiteto de tensões e Bandeira é o grande inventor de um metro psicológico que simplesmente independe das palavras (como notou Mário de Andrade); e daí, a sintaxe discursiva, Ungaretti, com aquela sábia aparência de inacabado, quebra o ritmo normal em benefício do poético. Em suas curtas estrofes às vezes acontece um verso inexplicável pela sintaxe: o efeito é total. E a audácia de cummings é realizar o ritmo às custas da própria integridade da palavra, numa deformação que é cézanneana, quebra para unir melhor. O bom verso sempre andou em luta com o discurso; no entanto, nunca elidiu completamente o inimigo. Por que? Notemos simplesmente que jamais renunciou à sintaxe tradicional, em cima da qual montava a sintaxe poética. Ora, a sintaxe do discurso é essencialmente linear. Ela é um apelo à sucessão, ao poema aberto, à fala sem controle. Eis porque escrever uma palavra, mais uma palavra, sempre foi perigoso; a concisão, erigida

em ideal, não era a defesa dos bons poetas? Mas também o
medo do discurso. Apressar para não relaxar. Salva-se a arte
com pouco, segundo o velho Horácio. O seu

> *Brevis esse laboro*
> *Obscurus fio*

denota bem que o que ele lamenta é a obscuridade, mas
o que obstinadamente busca é a concisão. Esta sempre foi
pretexto de depurações antidiscursivas, de Villon a Gomringer, onde o refúgio contra o discurso anuncia o refúgio contra a própria sintaxe. Se o verso, portanto, é um perturbador
do discurso, isso não basta para garantir a abolição deste:
mas tal é a meta da poesia. O verso não é só linha, mas tende
à linha; nele se contestam linha e antilinha; em consequência, o verso não é em princípio puramente poético. A crítica
sabe tão bem que tantas vezes ele é mera linha, trivial discurso... Mallarmé também sabia; irritava-se com o mecanismo
imbecil do vai-vem de uma linha à outra. "Pareille pratique
ne représente le délice...", tem o perigo de obscurecer o todo
em favor da sucessão desestruturadora. E, além do mais, a linha é uma arbitrariedade, convenção e linha acabam por se
identificar. Os elementos internos da espacialização (som e
sentido) não bastam para impedir a vitória do discurso, uma
vez traído o verso (elemento externo de espacialização) pela
linha. É aqui que uma teoria da imagem espacial de Pound e
Eliot (e do nosso Mário de Andrade) exige como contrapar-
tida as ideias de Mallarmé, que vai precisamente decretar
a morte do verso como unidade rítmica e — rei morto, rei
posto — em benefício da página. A página muito mais expressiva que o verso, página síntese de palavras e lacunas: a
páginapágina, não como simples base, mas como unidade,

forma e habitat naturalíssimo da palavra objetiva, da palavra sem intérpretes, da palavra impessoal: não da impessoalidade anêmica parnasiana, mas da impessoalidade ôntica — palavracoisa. "Que uma extensão média de palavras, sob a compreensão do olhar, se ordene em traços definitivos, (e) com isso o silêncio" — é a página. Onde o espaço em branco, a lacuna, ressalta dialeticamente a palavra; e nessa medida não é o nada, mas termo necessário do ser. Lacuna: sem a qual não vive a palavra. O verso enquanto verso requeria também esses brancos: exatamente, no prefácio mesmo de "Un Coup de Dés", se pode ver como a página era para Mallarmé um prolongamento — melhor, uma ampliação — das virtualidades espaciais do verso.

A síntese de todos os fatores utilizáveis espacialmente leva a palavra à página. É esta — pode haver dúvidas? — a missão da poesia nova. Não lamentemos que seja menos original: se tem tantas ligações históricas, por isso mesmo é mais aceitável. Depois de Mallarmé, poetizar a poesia é questão de espaço — forma. Há gente que discorde... os concretos paulistas contradisseram sua própria e brilhante teorização inicial para realizar um geometrismo apoético ou um jogo frívolo de categorias verbais abstratas. Inúmeros outros usaram falsas rimas, quebrando o verso sem sair do caos, ou optaram por caligramas baratos e imperdoável tanto tempo depois do Sr. Kostrowitzky... Os mais ingênuos se pegaram de amores pela descrição pura e simples: Receita: tome-se duas palavras, dois objetos, uma no alto, outra embaixo da página: pinta-se, copie-se. Ou se pensa que se fez poesia — de gustibus non disputandum... Só que poesia não descreve. Nem esta mesa, nem a Revolução de Outubro. Nem um amor, nem a Crítica da Razão Pura; não se trata de comunicar nada determinado, não se lida com signos. Como disse o vivo Valéry, a poesia "n'a pas le moins du monde pour objet de communiquer à quelqu'un notion déterminée". Exatidão? Em poesia, é preciso o impreciso, e o impreciso é o preciso.

Essa pobraza metafórica nada justifica entre os concretos e neoconcretos. Melhor, com ela, eles são pouco concretos. Nenhum argumento — salvo a impotência — poderá perdoar que a nova poesia caía tonta diante da página sem agenciar imagens válidas. O problema de qualquer poesia é criar metáforas e não descrever. Toda a autenticidade da literatura moderna repousa na sua heróica recusa à descrição, na decidida eleição de uma estética criadora. Para o poeta de hoje, não se trata de dizer, mas de mergulhar na linguagem e viver nela a criação poética. Mas é evidente que para isso não posso chamar de vanguarda coisas como

asa

casa

— não para isso se rompeu com o verso. Quando Gulllar contou a gênese de seu poema "mar azul", foi precisamente esse aspecto de vivência da linguagem (i. é., não descritiva) que ficou satisfatoriamente estabelecido. A certa altura, essa narrativa (que eu acho até melhor que o poema...) chega a ser uma fenomenologia, em caso especial, da criação literária — de sempre e moderna. É evidente que a nova poesia já tem méritos. Poucas, mas seguras vitórias aconteceram no campo da paginação, e certos poetas tiveram bom lucro ativando recursos variados dentro de uma ordenação espacial. Um exemplo é o uso da repetição no próprio Gullar, que já deu bons resultados. A reação do grupo carioca ao delírio dos paulistas não só justifica plenamente o termo neoconcreto, como se orientou numa salutar e organicista direção. Mas ainda assim é pouco. Principalmente do ponto-de-vista teórico, há muito por fazer. Estou convencido de que uma teoria idiota produz dezenas de poemas idem. E já houve pela praça umas inocentes tentativas de explicar o espaço neoconcreto como projeção subjetiva contra a aridez concreta. O que é asnal: será preciso repetir que neoconcretismo não é anticoncretismo, e que só há neoconcretos porque os concretos deixaram de ser concretos? O espaço neo não é romantismo; mal ou bem, é realização altamente normal de uma concreção poética. Informo que não me conformo com que se deforme sem nova forma; esta coluna é decididamente contrária ao estabelecimento de uma retórica poética sem versos, ainda mais do que hostil à retórica com versos. O neoconcretismo, ao provar sua validez, entrou no domínio público. Existe agora urgente necessidade de fundamentá-lo esteticamente — ou se confundirá com caligraminhas descritivos. O SDJB tem estado ausente dessa tapeação, mas por mim passará a presente contra ela. Ao mesmo tempo que reafirmo meu total descompromisso com os fundadores do movimento, afirmo meu interesse por este. Há uma possibilidade de se criar uma nova linguagem. O abandono do verso revelou amplos horizontes. Permitiremos que se escamoteie a descoberta? Uma poesia sem versos, formal e orgânica, pode ser o estilo da vanguarda — a poesia para amanhã. E terminemos lembrando que se a crítica não indica moldes, jamais deve fugir a colocar normativamente os termos de um sistema de estética: eis aqui onde a nova crítica se distingue e se aproxima da antiga retórica; e onde ela se afasta de todo impressionismo.

SDJB, 17 de setembro de 1960

A criação do Livro da Criação

josé guilherme merquior

A CRIAÇÃO DO LIVRO DA CRIAÇÃO

José Guilherme Merquior

O *Livro da Criação*, de Lygia Pape, é um livro, um livro plástico, mas um livro. Se o abrimos — não em grupo e nessa pressa indecente com que se vêem as exposições, até mesmo as de vanguarda, mas abrindo com um cuidado anti-relógio —, encontramos páginas que são mudos desdobramentos de escultura em papel. É verdade que algumas palavras nos orientam, escritas na primeira página; mas elas pertencem muito mais a uma propedêutica da obra do que a esta mesma. Não por excesso de obscuridade, somente pagando o preço que a nova arte custa, ainda hoje, essa explicação exigida menos pela obra do que pela obstrução perceptiva da maioria dos espectadores, essa moeda provisória entre o *esprit bourgeois* e o espírito do século, que é tão significativo o tachismo dispensar...

Porém, depois dessas breves palavras, que afinal apenas intitulam o livro, só acharemos a plástica de cada página, várias ordenadas construções de cartão. Jardim-de-infância? E por que não? Todo kindergarten é um antônimo de uma academia... e é por esse lado delicioso, essa aparência de jogo de armar, que melhor se apreende a natureza do livro de Lygia Pape.

Um relevo vermelho que é preciso armar sobre a página, uma ponte quase abstrata que nós erguemos no ar vazio, aquela branca pirâmide isolada por nós na beira de um silêncio cinzento: qualquer que seja a estória do livro, fomos nós que a fizemos. E assim, como o chapéu do *Pequeno Príncipe*, a branca pirâmide antes de se referir ao Egito já está indissoluvelmente ligada a nós: antes de significar-para-fora, já ganhou sentido dentro, em nós.

Mas o ludismo do livro é ainda assim narrativo. O *Livro* é um romance. Deve haver entre suas páginas o elo dessa narração. Como pode o livro narrar sem palavras? Pela própria mímica da imagem, pelo gesto do que construímos: o *Livro* é uma história em quadrinhos que se despiu das legendas. E que assim restando nuamente plástica, despiu-se mais ainda, e se livrou de qualquer figuração, ou no mínimo estilizou todas as suas figuras. Penso no que diria Ortega y Gasset, ao ver a quilha das caravelas reduzida a uma aresta cuja perpendicularidade à página faz dela ao mesmo tempo quilha e pura forma. Ou forma que mal sugere a quilha; precisamente o que ele viu na nova arte.

É necessário entender nessa estilização uma ampla capacidade sugestiva. Não se trata, com efeito, de reduzir toda a plástica do livro a uma simples síntese para-abstrata de figuras; e se Ortega visse naquela aresta uma caravela antecedente, nada impediria que tantos outros esquecessem até a mínima sugestão de nau para ver ali inúmeras outras referências. Tampouco importa o que Lygia sente daquela ponte: não nos interessa a explicação da autor, ela não é a base comum do entendimento geral. Só a intensidade das vivências de todos pode definir a ponte... não é dizer que ela

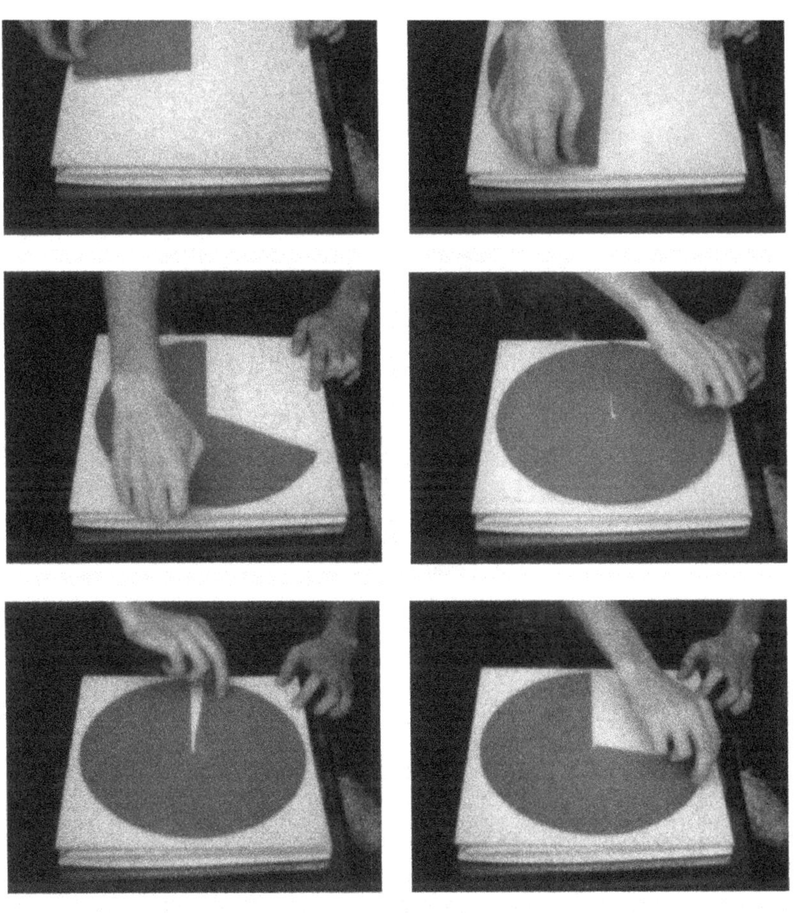

Livro da Criação, Lygia Pape, 1960.

é indefinível? Como uma verade obra de arte, fonte do espanto de cada um. E não queremos dizer que a obra de arte não tem sentido; apenas, que não cessa de o ter.

Como é que o *Livro* narra, se cada um põe nele uma história diversa? A resposta é que a história do Livro é voluntariamente um intimismo. Não é o que da narração; é o clima dela. A estória do *Livro* consiste em se historicizar, não importa o que historicize. Se o *Livro* vive como sugestão, é por viver fornecendo pretextos a que o constumamos, e construindo, vivenciemos. Cada página é um apelo a que se estabeleça entre nós e o *Livro* uma história íntima, um tempo elástico de vivência originada na visão e no manejo dos capítulos — e essa história interior, e nada mais, é a estória do *Livro*. Eu pego uma página. Levanto o papel, construo uma ponte. Nem sei se é ponte. Mas é uma imagem arrojada no ar, curva que liga duras margens, sozinha na página como em mim. Quietamente, imagino nela qualquer símbolo de contato, de amor. Posso pensar praticamente em tudo: comunicação, transporte, ponte amorosa, heróica, arco veneziano, meu amor por Hilda ou aquela angustiada ponte de Andau por que passaram os refugiados húngaros em 1956. Na verdade, quanto mais penso, mais enriqueço: é tornar a ponte cada vez mais intensa. No fim, percebo que, entre mim e o *Livro*, a criação foi construir a ponte apenas como um limiar de outra construção: ao erguer a ponte, crie uma história: e uma estória que inexistiria sem o flexível momento da minha história em que eu lhe dei realidade.

Somente não há que atribuir ao leitor mais do que é devido. Se é o leitor quem faz o *Livro,* e ao mesmo tempo o Livro que cria o leitor. Nenhuma ingenuidade far-me-á crer que eu coloco na ponte o saco de gatos da minha experiência, em completa inconsciência do objeto ponte. É claro que só esta ponte, como é, consistiu para mim nesse apelo insistente à imaginação. Se de fato ela me fosse indiferente, que razão explicaria esse ambiente privilegiado que ela é para a minha sensibilidade? A partir daqui, a obra tem a palavra. É preciso reconhecer que ao texto da minha vivência ela precede como pretexto originário e, por isso, soberano. Reconhecer que ela já contém o que eu farei dela e que portanto exerce controle sobre mim.

Nessa narrativa sem legenda nem figura, o controle é uma economia plástica. Em seu despojamento, o símbolo se intensifica. A abstratização livra o *Livro* de todo significado fechado para abri-lo a uma multiplicidade enriquecida. A página se faz ambígua: e não é assim em toda poesia, em toda arte? Sartre argumentou muito bem quando mostrou que todo expressionsimo não se reduz a literário, todo símbolo não se limita a alegórico: o céu amarelo do Tintoretto pode ser angústia, mas nunca será só angústia: é angústia e céu amarelo, em céu amarelo: esse amarelo transbordando qualquer redução decifradora. Da mesma forma, nenhuma página do *Livro* de Lygia se reduz a uma interpretação alegórica; e quando se reduzisse, seria negando a essência da obra.

Apesar disso, a questão do significado só se coloca porque o *Livro* não é plástica pura, exatamente como um retrato de Van Gogh não o é. O *Livro* é um expressionismo; e em todo expressionismo, a arte se dá como ambiguidade. No retrato de Van Gogh, por exemplo, a psicologia do retratado não se desliga da cabeça, da matéria mesma do quadro; e este olhar de angústia é ao mesmo tempo mancha azul, e somente em azul. Uma cabeça de Henry Moore é apenas cabeça física; mas a cabeça de Van Gogh é física e se quer psicológica. O *Livro* de Lygia Pape se apresenta como matéria

Livro da Criação, Lygia Pape, 1960.

formalizada no sentido de sugestões psicológicas. A ponte se organiza como símbolo: se além disso está estruturada em pura plástica, nada muda aquela finalidade essencial de se organizar para. Todo expressionismo é sempre uma arte em si que se estrutura para fora. O retrato de Van Gogh é tão clara e energicamente estruturado para ser retrato. Se está tão bem disposto, não é apenas em si como forma pura, mas para agir como veículo de comunicação do imaterial. Por isso o expressionismo suplanta o equilíbrio visível, porque obedece a uma forma só indiretamente presente na matéria. O *Livro* de Lygia é dessa família. Sua ordem plástica não se limita em si mesma, porque em essência se refere à emoção pela contemplação e não só à pura emoção da contemplação.

É, em suma, livro: não cabe em si mesmo. Há contudo possibilidade de uma eficácia puramente plástica do *Livro*? É melhor responder pela negativa, já que se ela ocorrer se deverá ao acaso e não à intenção da obra. O *Livro* é antes de mais nada ilustração. Se se conseguir retirar dessa palavra toda a noção de figuração reprodutiva, se chegará à mais íntima natureza da obra: porque o *Livro* é ilustração simbólica. O que ilustra, não é jamais precioso: mas apesar disso ilustra sempre. A ponte não é *a priori* senão ponte plástica: mas *a posteriori*, é ilustração-símbolo de cada significado que me sugeriu e que eu realizei nela. E não é ilustração figurativa justamente porque o significado inexiste fora da plástica ou antes dela. A radical incapacidade do *Livro* como figuração dá a medida no seu triunfo como hibridismo.

A essência do *Livro* é ser ilustração. Para ser ilusração deve buscar sua força numa energia formal que conduza sua plástica a uma progressiva sugestão simbólica: quanto maior a criação plástica, tanto maior o significado. Assim, a energia formal não permite a literatura, impede a alegoria e, ao mesmo tempo, se responsabiliza pelo significado. Ler o *Livro* é um comércio entre mim e sua plástica-mater. Coloco os meus significados numa base-significante (a forma da página) que ao mesmo tempo norteia os meus achados e com eles se enriquece. Por isso, todas as vezes que um significado se precisa demasiadamente, corre o perigo de se tonar alegoria e, dentro em pouco, figuração. O *Livro* de Lygia, experiência única, mas inicial, consegue escapar sem dúvida a esse risco atuante; muito embora mais em certas páginas e menos em outras.

O *Livro*, como todo livro, não existe sem a participação do leitor. Mas aqui o virar a página é mais ativo; a própria página é concretamente escrita pelo leitor; e num tempo arbitrário. Neste sentido o *Livro* é um anticinema, porque é uma sucessão cujo controle não abrange o tempo do espectador. O que aliás não tem a mínima importância estética (as almas cândidas que vêem no cinema a "mais perfeita" expressão estética em virtude do uso de um tempo controlado além do controle espacial deveriam ler com mais frequência as obras de Bergson, porque o controle da extensão de tempo, perfeitamente válido em si, não significa maior conquista do tempo intenso do espectador. A extensão controlada não pode ser a priori garantia de prazer estético. O império da arte sobre o nosso tempo, traduzido em ritmo, não pode ser beociamente entendido em sentido estrito; senão, uma sinfonia academicíssima valeria mais que toda a obra de Cézanne...).

Por outro lado, o livro é primitivo. Ele se dá numa experiência primeira, como assinalou a própria Lygia. Tem o sentido de primitivo: como um totem, encerra as projeções míticas do leitor; e, como é antialegórico, é além disso indizível e o indizível por excelência, apenas base de uma história que é a única para cada um: o *Livro* é pessoal; é um quase misticismo. Mas... assim inefável, como pode alcançar a medida comum sem a qual é impossível a existência da obra de arte? É que o Livro primitivo não é infantil. Aquele primeiro caráter de ingenuidade imaginativa é tão-só um ponto em comum; mas não coloca o *Livro* na esfera da arte infantil. Pois toda obra de arte infantil despreza a medida comum. Não só no sentido evidente de se rebelar contra o padrão adulto, mas em todo e qualquer sentido. A arte infantil não vai além do criador. Não é arte em pleno conceito, mas mais precisamente um exercício de personalidade provisoriamente isolada do social. Por isso a perspectiva afetiva (quem disse isto muito bem e de uma vez por todas foi Augusto Rodrigues, na revista *Senhor,* outubro de 1960. A. R. lembra com muita propriedade uma pérola de Spencer sobre compreensão de arte das crianças) da arte das crianças impede um julgamento estético. No caso, o juízo é psicológico e não artístico. Não só os adultos não devem julgar a obra infantil pelos modelos adultos, como não devem simplesmente julgá-la. Mesmo porque a representação espacial da criança obedece a um critério egocêntrico que nada tem a ver com as qualidades de reversibilidade e equilíbrio que basicamente fundamentam a composição plástica. O mundo infantil é fechado em si mesmo. Mas o *Livro da Criação*, jamais. Sua organização — ao contrário da forma de um desenho de criança — é perfeitamente objetivada e se traduz em medida comum de apreciação. O efeito formal do *Livro* independe de subjetivismos e é uma afirmação individual (Lygia Pape) integralmente intencionada para uma compreensão comum. E isso pode ser logo verificado no estilo unitário de toda a obra, uma vontade de forma que transparece desde a primeira página. Essa objetividade acentuada, não era preciso dizer, é apenas uma outra face daquela energia formal que garante ao *Livro* seu poder de ilustração.

Primitivo, mas não egocêntrico: o desenrolar do Livro sugere uma aventura mítica. O mito é de fato a união por excelência do primitivo com o social. Qual é o mito que o *Livro* encerra? Acima dos mitos particulares de cada leitor lhe ponha, o *Livro* inteiro narra a criação. É claro que implicitamente em toda obra de arte se figura o símbolo da atividade criadora; mas Lygia acentua e enfatiza o mito da criação. Primeiro, apelando sempre a um leitor-realizador. Logo dispondo de tal maneira seu livro, que a própria narrativa nunca acontece sem a nossa concreta realização de cada página como estória-história. Nesse ponto o *Livro* é essencialmente criação. Se é um livro, é porque narra, mas o que quer que conte só se dá conosco e nem sequer nos preexiste como leitura possível. Aqui o *Livro* difere até mesmo de todos os outros livros. Enquanto os outros têm uma estória comum preexistente a todo leitor, embora dada com ele, o Livro de Lygia não possui de comum mais do que o imperativo de fazermos cada um de nós a nossa estória pessoal E se Lygia confessadamente o concebe como uma sugestão dos momentos intensamente vividos pela Humanidade, afinal esses instantes-intensas-vivências acabam estritamente pessoais... e nós compreendemos que ainda aqui a intenção da obra supera a da autora. Posso entender o *Livro* sem a mínima alusão à História, mesmo em síntese — apesar de que (mistério!) do princípio ao fim ele se explica facilmente como a aventura do homem no mundo. Porém, é tão profundamente simbólico, que nem a isso se reduz. É realmente a aventura do homem no mundo — a criação —, mas a aventura de cada homem exigida a cada um na leitura como criação e alcançada quando cada história pessoal tocou o *Livro* e com ele criou uma estória única e irrepetível.

Assim, o que o *Livro* sugere, o que ele dá para poder ser, é, em resumo, a própria condição do homem. Seu maior valor é dá-la concretamente. O que temos de comum no livro é que nenhum de nós o vive como o outro. E por isso o *Livro* de Lygia imita finalmente a verdade da vida e do mundo: é um microcosmo. A essência do Livro é ser ilustração da existência.

SDJB, 3 de dezembro de 1960

sdjb

suplemento dominical do jornal do brasil, rio de janeiro, sábado 2 e domingo 3 de julho de 1960

Bilhete do editor

Já está freqüentando seu quinto ano de vida êste SDJB. Nessa idade as publicações literárias costumam ter barbas brancas. Já estão velhas e exaustas. Já se tornaram ilegíveis. Isso porque, geralmente, as anima não o interêsse total pela arte, mas a acomodação ao ambiente literário. E a êle o SDJB jamais se acomodou. Antes se tornou um corpo contundente e fêz seu inconformismo traduzir-se numa constante demonstração de que não só o consagrado tem valor; de que há por todo País elementos de competência intelectual e capacidade criadora, aptos a oferecer sua contribuição para o desenvolvimento cultural do País, embora a êsses elementos, por não circularem nos bastidores da pantomima literária, sejam negadas permanentemente as oportunidades. A todos êsses elementos o SDJB abriu as portas enquanto as fechava aos que pretendiam apenas brilhar sem trazer consigo um mínimo de competência. E o que se viu e se vê é o seguinte: o restrito campo dominado pelos escritores e artistas, muitas vêzes famosos, mas intelectualmente nulos, abrir fogo contra esta publicação e o enorme campo de leitores e artistas com algo realmente novo e bom a expressar, garantir com seu interêsse e seu aplauso, a existência dêste Suplemento, já agora elemento vital na cultura brasileira.

A área de influência dêste Suplemento é cada vez maior. E essa influência, que vai desde sua arquitetura gráfica até à modificação da visão cultural das coisas, pode ser constatada dia a dia. Já vemos, agora com alguns anos de atraso, quando as experiências não-sintáticas já se consolidaram e trans-

poseram os limites experimentais, os situacionistas em atitude dúbia: continuam contra a nova linguagem, mas começam a enxertar em seus poemas — aqui e ali — recursos (já superados é verdade) da linguagem não discursiva.

No entanto, a influência do SDJB tem modificado para melhor a produção artística do País. Já vemos (através da numerosa correspondência que recebemos de todos os cantos do País) que o nível dos que principiam já é melhor, já trazem uma visão mais séria e responsável, já trazem uma preocupação de expressar a nova visão com uma nova linguagem.

Grande número de nossos colaboradores devemos à nossa seção de Correspondência. Ela é a porta, através da qual, pode entrar e sair qualquer escritor, sem que para isso precise trazer o cartão de qualquer *consagrado intelectual*.

Neste quinto ano pretendemos abordar intensamente o problema da arquitetura e discutir sua situação no Brasil. Isso não é apenas uma promessa. Já neste número exibimos o plano de Sérgio Bernardes para o Aeroporto Internacional de Brasília.

A par disso pretendemos divulgar mais amplamente a teoria e prática do não-objeto e desde já, fica o convite para a II Exposição Neoconcreta a ser realizada a partir de 17 de novembro no Ministério de Educação e Cultura.

Reynaldo Jardim

NÃO-OBJETO: ONDE FALA O INFINITO

Reynaldo Jardim

Se quiserem encontrar uma linhagem histórica que situe o livro não-objeto que estou mostrando na *II Exposição Neoconcreta*, acho que poderei indicar o romance. Não se trata de um romance no sentido tradicional, mas daquilo que, vindo do romance, entra no campo dos não-objetos. Não há um grande ficionista moderno que não tenha escrito sobre a crise do romance. E é uma literatura de crise que vem sendo feita por eles, uma literatura que se compraz, que se satisfaz com a crise, que nela vive bem (morre bem) e ela se alimenta. Com isso vivem os romancistas a pastar o próprio cadáver: fabricam e comem uma prosa morta.

Lá está o romance infinito, trazendo em si mesmo o gesto circular do universo. Ele (como todo não-objeto que se preze) está solto no tempo e no espaço, sem começo nem fim, numa construção que se pretende materialmente expressiva. As palavras retiradas do mundo da palavra impressa ganham um significado diferente do contexto de onde foram extraídas, perdendo seu sentido semântico, perdendo seu sentido, ganhando outro sentido, sentido. Quase sempre estão em posição crítica. Um certo humor aterroriza o livro e o leitor. Um certo humor de resistência no significado imediato, léxico, lógico. "Tragique" não é trágico. "Politik" não é político. "Neue" não é novo.

O mundo de amanhã é a obra de arte de hoje, ou não é. Que conta o romance infinito? Nada. Mostra um produto elaborado. Um produto que exige seu lugar. Não lhe dão esse lugar? Ele se contenta: não-objeto. A verdade é que o romance infinito não aceita o mundo como ele está. Aceita-o como ele deve ser. Não pode usar a mesma linguagem que não serve nem aos senhores do mundo nem aos subjugados do mundo, porque não pertence a um nem a outro, e nem um nem outro sabe o mundo de amanhã. Impor uma linguagem nova é exigir um mundo novo. Essa é a participação.

Quem fala no romance infinito? O autor? Não. Quem fala é o romance infinito. As palavras que ali estão são as vozes de cada corte, de cada vão, de cada página do romance.

SDJB, 4 de dezembro de 1960

PALAVRA, HUMOR, INVENÇÃO

Ferreira Gullar

A arte neoconcreta, como se sabe, não se limita ao campo das artes plásticas, mas abrange o problema geral da expressão estética em nossa época. O movimento neoconcreto conta, desde sua origem, com a participação de pintores, escultores e poetas que, por sua vez, não restringem sua indagação a uma área definida e especializada. Não apenas se realizam experiências em campos vizinhos — o ballet e o teatro, sem falar nas incursões ainda larvares pelo cinema — como os procedimentos e descobertas de uma área muitas vezes fecundam outras, numa convergência de interesses que acentua a unidade profunda do movimento.

A um observador atento, que tenha acompanhado desde o início o trabalho do grupo neoconcreto, não escaparão, certamente, as relações existentes não apenas entre as obras dos artistas plásticos, como entre as destes e as dos poetas: não só os poetas adotam elementos plásticos nas suas criações, como os artistas plásticos imprimem ao seu trabalho uma participação manual — como no caso dos *bichos* de Lygia Clark — que estava no livro-poema, onde o manuseio adquiria caráter expressivo.

A *II Exposição Neoconcreta* permite a verificação objetiva dessa convergência expressiva que sublinha ainda mais o caráter revolucionário do movimento e sua organicidade. Dentre os trabalhos expostos por Reynaldo Jardim, destaca-se o livro infinito, que é um prolongamento e um aprofundamento do livro-poema e resultando numa das contribuições mais importantes do contexto neoconcreto. Trata-se de um volume engenhosamente concebido, com dois dorsos e dois começos, o que vale dizer, sem começo e sem fim, uma estrutura circular, contínua. As páginas desse livro insólito tampouco são unidades isoladas: trabalhadas em vista da totalidade do livro, recebem, geram e transferem o movimento e o significado que por elas se propaga, silenciosamente, através de cortes, dobras e desdobras. A leitura desse livro realiza uma síntese de experiências verbais, ópticas, cromáticas, rítmicas, como um ballet manual e abisma. As palavras que ali aparecem estão quase que inteiramente despojadas de sua função corrente, investindo-se de uma significação nova que lhes é dada pelas circunstâncias especiais em que se encontram. Reynaldo Jardim realiza, com esse livro infinito, uma descida corajosa a um nível de expressão em que a linguagem verbal perde a sua autonomia, o caráter abstrato e generalizante, para voltar à condição bruta de seu nascimento.

Não apenas as págians sofrem, ali, cortes profundos — o que põe à mostra a anatomia material da expressão, ou a cria —: também as palavras, a linguagem, estão, ali, decepadas, não na sua condição gráfica, e sim na sua matéria significativa. O livro infinito, de RJ, é todo ele construído segundo essa técnica de cortes, de construção contínuo-descontinua, cujo objetivo fundamental é impedir a abstração e jungir palavra e página, cor e linha, tato e olho, corpo e mente, a uma operação imediata, concreta, sem fuga. As experiências sensoriais e intelectuais aí se aglutinam, decifrando-se mutuamente num nível anterior à formulação conceitual. Só um respiradouro nos concede ele, nesse seu implacável universo: é o humor — úico significado menos implícito — mas, ainda assim, velado — que nos acompanha nessa descida à origem da comunicação e da expressão. *Humour formel* — está escrito em uma das páginas do livro infinito, e essa indicação inadvertida posta ali por Reynaldo Jardim podia ser a própria definição de sua obra. Humor formal, limite do conceito, do senso, non-sense, sucessão de formas inesperadas, de armadilhas em que as palavras se escondem para se revelarem melhor ou para desaparecerem. Humor formal, o desse livro que, chegado ao fim, se dá de novo inteiramente, novo — e ri de nosso hábito, de nossa vontade de concluir.

Osmar Dillon é um jovem poeta que, pela primeira vez, expõe com o grupo neoconcreto. Sua adesão ao movimento é recente, mas já apresenta uma continuidade de procura e algumas realizações originais, em que os elementos materiais e verbais encontram perfeita adequação. Tal é o caso, por exemplo, do poema-ato, que consiste numa placa de madeira e duas lâminas de vidro superpostas, todas de forma quadrada. As duas lâminas de vidro giram pelo impulso da mão e nelas estão as letras "t" e "o", respectivamente, enquando a letra "a", da palavra "ato", está na placa de madeira, fixa. O movimento das lâminas de vidro, por assim dizer, dissolve a palavra, desintegra-a e a reintegra. A qualidade do poema reside no fato de que ele nos transmite uma ideia direta de ato que, por ser direta, não menos rica de significados simultâneos. A experiência do poema nos revela o ato como algo indeterminado, presente e inconcluso, transparente e ambíguo, determinado e indeterminado, enfim, um mndo de implicações imbricadas que a descrição conceitual jamais esgotará. O que já não se dá, por exemplo, no seu poema "sêmem", onde a palavra tem função meramente denotativa, nada acrescentando nem ao seu significado literal nem ao organismo interior do poema. Outro exemplo positivo é o poema "ave", onde o movimento de uma placa triangular preta sobre uma superfície branca e azul, onde se encontram as palavras "ave", "leve", "ave", tem o poder de recarregar de sentido essa relação verbal tão explorada pela poesia não-sintática. O poema "lua", que utiliza também uma lâmina de vidro giratória, embora mais simples que o "ato", alcança a significação poética entre o jogo e o humor.

O *Livro da Criação*, de Lygia Pape, sobre o qual José Guilherme Merquior já escreveu longamente, é outra das contribuições originais desta exposição. Tem ele afinidades com o *Livro Infinito,* muito embora apele para um sentido mais ilustrativo, explorando conotações simples entre a história do homem — suas invenções, sua criação do mundo humano — e um vocabulário virgem de formas e cores. Esse livro coloca o problema da comunicação alusiva sem palavras — empresa complexíssima que não se poderia resolver numa primeira tentativa. Não obstante, Lygia Pape revela uma notável capacidade inventiva, tornando o seu livro um mundo inesgotável de sugestões metafóricas e descobertas, de experiência lúdica e poética. Os seus poemas com gravuras — expostos em painéis — constituem, na veradde, um livro (o nº 5 da Coleção Espaço), e marcam outra dimensão das pesquisas neoconcretas. Em muitos casos, Lygia Pape consegue um integração perfeira entre a realidade verbal e a expressão gravada, servindo uma de eco à outra, enriquecendo-se simultâneamente.

Roberto Pontual mantêm-se ainda no campo mais especificamente semântico, numa busca sistemática, implacável, da palavra precisa e do ritmo interior da fala. Seus poemas demonstram um rigor construtivo excepcional e uma exigência que fará o seu caminho difícil, demorado, mas certamente fecundo. A sua cautela em abandonar de ver o problema sintático — que aparece em seus poemas reduzido ao mínimo — não vem de um desconhecimento do uso ou das possibilidades do não-objeto, mas, acredito, da necessidade de esgotar o problema anterior e de encontar nesse esgotamento o começo de um novo caminho.

O mesmo se pode dizer de Cláudio Melo e Sousa, poeta altamente dotado, que já provou sua capacidade expressiva em poemas de caráter discursivo. Sua experiência no campo neoconcreto, não-sintático, é fruto de uma insatisfação, de uma lúcida compreensão da falência da poesia tradicional. Os poemas que expõe são todos eles carregados de forte carga expressiva, revelada pela aglutinação violenta de vocábulos inesperados. Dentro do movimento neo-concreto, sua peosia tem uma marca pessoal, própria, e, certamente, pessoal será o seu caminho futuro.

Para concluir, reafirmamos aqui que o valor da poesia neoconcreta não pode ser estabelecido segundo um critério de mera originalidade e de pesquisas. O importante é a expressão poética nova, fora do discurso. Não se pode tomar o presente da poesia neoconcreta como apenas as últimas experiências no espaço. Na verdade, esse presente se constitui de todas as dimensões já abertas pelos vários poetas do grupo, e ninguém pode afirmar que as primeiras experiências estejam definitamente esgotadas ou que os caminhos mais recentes sejam os únicos possíveis.

SDJB, 10 de dezembro de 1960

Livro Infinito, Reynaldo Jardim, 1960.

O HUMOR FORMAL DE REYNALDO JARDIM

José Guilherme Merquior

O *Livro Infinito* de Reynaldo Jardim (vulgarmente conhecido como *tragique-absurde* ou *absurde-tragique*) é poesia ou ficção? Segundo o testemunho do próprio Reynaldo, a linhagem do livro é o romance. Para nós, é poesia. A distinção seria meramente bizantina se não implicasse alguns preconceitos responsáveis pela deficiência do juízo estético, mas principalmente, se não se responsabilizasse pela constatação de que há na poesia modalidades estruturais divergentes da forma da prosa. O livro de Reynaldo Jardim recoloca o problema poesia/prosa precisamente porque se situa num plano de vanguarda literária capaz de reviver a questão em plena linguagem revolucionária. Qual é, com efeito, o verdadeiro fundamento da separação poesia/ficção?

É claro que o elemento distintivo não pode ser a alegada objetividade ou subjetividade do tema literário. Se fosse, com quase toda a certeza Saint-John Perse seria considerado ficcionista e Virginia Wolf, poeta: quer dizer, toda poesia de motivos não imediatamente pessoas seria objetiva, enquanto todo romance introspectivo seria poético. Por outro lado, a diferenciação baseada num elemento de quantidade verbal, como a presença ou ausência de verso, se revela ainda mais incapaz: por esse critério as *Illuminations* seriam menos poéticas que qualquer objeto poema épico. Na verdade, a razão da distinção não é nem tema nem forma quantitativa, mas sim uma outra modalidade estrutural da obra — o tempo. É este que nos permite verificar quanto a vontade-de-narrar é mais objetivante do que intenção de poesia. Toda literatura enquanto forma é espacial, no sentido de que vence a sucessão caótica das palavras pelo estabelecimento de referências antidiscursivas; e ainda toda literatura é espacial na medida em que organiza o tempo do argumento numa direção formalizadora.

Assim, a rima ilude a sucessão verbal, e assim a sucessão da história do Père Goriot é organizada por Balzac. E no entando toda literatura é também temporal. Obrigadas a dar-se como sucessão, a poesia ou a prosa só podem construir-se na matéria do tempo e jamais podem oferecer senão tempo. Seja dito de passagem, qualquer obra apresenta necessariamente uma duração interior, que é a própria vivência de seu autor. No caso da literatura, se a obra se limita à revelação desse tempo interno, teremos poesia. A essência do lirismo é esse puro fluir íntimo, comunicável pelo mistério da palavra. Toda poesia é portanto expressionismo, comunicação da subjetividade; e a lírica em relação ao tempo dos objetos se caracteriza pelo contínuo esforço de destruí-lo como exterioridade, tudo incorporando ao íntimo imperioso do artista. Ao contrário, o tempo do romance contém necessariamente uma face objetiva. Mesmo em Proust, o tempo subjetivo não deixa de dar o tempo objetivo. De modo que ao lado das impressões do Narrador são perfeitamente sensíveis e compactas as presenças dos personagens e acontecimentos. Portanto, no romance o tempo externo existe como aceito, e na poesia, desfeito. Até se poderia supor que o processo de espacialização da poesia encontra nessa diferença um motivo do seu adiantamento em relação ao da ficção. Ou melhor, a natureza mesma da prosa narrativa não permitiria o mesmo tipo de formalização. Os exemplos falam por si. Mallarmé inventa uma organização da página num sentido bem diverso da montagem joyciana, que não é uma utilização do espaço real, mas sim do espaço estritamente verbal.

O livro de Reynaldo Jardim não apresenta uma temporalidade objetiva. Ele poderia, romance sem personagens, oferecer ainda assim uma estrutura objetivada em plena linguagem nova: é a receita de *Finnegans Wake*. Mas longe disso, o livro substitui qualquer tessitura narrativa por uma atuante medida lírica, uma constante deformação de toda objetividade, em favor de uma linha expressionista. O que aparentemente objetiva o livro é seu manifesto caráter social, para não dizer filosófico, e sobretudo sua continuidade. Como o livro não tem nem começo nem fim, essa continuidade dá a impressão de uma linha narrativa; sendo por essência livro sem limites, sua ininterrupta sequência sugere uma sucessão ficcional — quando realmente essa continuidade é apenas lírica, sucessão de clima e não de ação. Sobre sequência estilística.

Uma das dominantes do livro é o humor. "Um certo humor de resistência ao significado imediato, léxico, lógico" — diz Reynaldo. Mas ele mesmo diz adiante que seu livro só aceita o mundo como deve ser e não como é. Nesse caso não se trata de humor, e sim de ironia. E o livro é essencialmente ironia. É ironia manifesta, e ironia formal (humor formal) A poesia é de fato um tempo irônico, uma subjetividade satírica que tudo aniquila em nome da liberdade interior. Para Hegel, o humorismo era o que "sabe fazer vacilar e dissolver toda determinação" e consiste num "retorno do homem a si mesmo". E nós lembramos a teoria de Solger, que via a origem do irônico na palpabilidade do absurdo e trágico da condição humana: por coincidência, *tragique* e *absurde* são duas palavras-chaves do *Livro Infinito*.

O humor formal fica então baseado na constatação intuitiva do absurdo existencial, da medida da nossa tragédia — e se o livro respira liberdade é devido a aceitar o campo da ironia como ambiente de vivência, da ironia que, como quer Bergson, se origina precisamente em apresentar o mundo como ele deve ser, e, como fez Cervantes, retira desse ilusório ideal a dimensão de fracasso da angústia humana. Por isso o livro é sempre merrymaking: o tom alegre de sua unidade jamais deixando a nu o que ele suscita de sério e mesmo inquietante.

Por isso, também, está dotado de uma inerente musicalidade, não a pomposa orquestração de peças sinfônicas, mas a sutil malícia de certas melodias inesperadamente surgidas: uma musicalidade en *petit comité*, como por exemplo em *kleine*. O elemento *surprise* é uma constante em toda a obra. *Attenta*, como diz a palavra, e é realmente em estado de vigilância que o leitor se deve por, pois a cada momento se vê diante de uma aparição surpreendente e misteriosa. Mesmo esse *politik* que aparece tão exuberante em vermelho se acha modificado por esse estranho *profondi*. *Politik/ profondi* são aliás os elementos que surgem duplamente, no verso e no reverso do livro: serão eles o eixo desse "gesto circular do universo" do qual o livro pretende ser uma metáfora? De qualquer modo o tema político não está isolado;

através do livro ele se une a vários outros momentos de referência social (p. ex. industrial).

A técnica criadora do livro se funda numa extrema formalização do espaço-página. A página como elemento plástico contribui, sob controle, para a expressividade da palavra: Essa fidelidade à literatura faz do livro um legítimo herdeiro de "Un Coup de Dés" e não um amontoado inorgânico de plástica e palavra. O branco da página assume em consequência grande importância. Seu valor de pausa faz dele uma espécie de caminho do silêncio que revigora o aparecimento das palavras. Há toda uma estratégia de situação verbal, o lugar das palavras se diversificando por todo o livro e extraindo dessa variedade uma forte potência expressiva. O branco da página não é, portanto, um silêncio autônomo, mas antes um silêncio referencial continuamente enriquecido pela dialética que o leitor realiza entre a palavra e a lacuna, ambas reunidas na síntese da página. Contudo, a página do *Livro Infinito* não se mantém, como na maioria dos poemas curtos neoconcretos, uma entidade isolada. Devido à continuidade do livro, a página remete sempre adiante, transcendendo-se em favor da unidade da obra. Às vezes nem mesmo ela se preenche de palavras; é quando os brancos vazios realizam no interior do livro esses labirintos de mudo silêncio, cuja referência à palavra, mais remota que o habitual, confere às lacunas um tom de puro mistério. *Sigillato*, é como o livro se apresenta então; mas é claro que ainda esses desertos são relacionados à palavra que numa fingida casualidade demora a aparecer. Outro elemento, menos frequente, é a cor do espaçopágina. Em alguns exemplos, como politik, ela vivifica a palavra, mas em alguns nem sequer se restringe ao campo verbal: em féerique é antes ilustrativa, realizando no branco da página a sugestão simbólica da palavra.

Um aspecto interessantíssimo do livro é a rica utilização de vários tipos gráficos na feitura das palavras. Na realidade, uma poesia que começa à interessar-se pelas possibilidades expressivas do espaçopágina não poderia deixar de propor a própria feição gráfica da palavra como meio contribuinte da expressão. Essa forma gráfica sempre recebeu no passado os maiores cuidados, mas então, como o próprio espaçopágina, sofria formalizações de natureza plástica não sujeitas a um interesse de expressão verbal. Era o caso dos livros medievais. Ao contrário, para a nova poesia os tipos não são matéria de harmonização plástica, mas sim matéria de expressividade poética. Um exemplo típico surge em MONEY. O maiúsculo das letras traduz a ênfase do sentido da própria palavra baseada num desejo de comunicação literária e não numa organização puramente visual da página. Aqui também o livro se mostra perfeitamente honesto em relação à sua finalidade essencial, que é poesia e não plástica.

Assim armado, densamente enriquecido por uma maturidade técnica surpreendente no seio de um movimento tão novo, o *Livro Infinito* demonstra concretamente a possibilidade de uma realização literária do neoconcretismo que já está bem afastada do simples ambiente experimental, guardando apesar disso todo o vigor de uma nova linguagem. Ele apresenta, sobretudo do ponto-de-vista da expressão espacial, um grau de riqueza singular entre as tentativas do movimento. E nós pensamos se é por coincidência que ao lado desse *fulfilment* técnico ele revele tamanha complexidade de tema, nós que acreditamos que isso de tema e forma não passam de uma só coisa, e que a medida da técnica dá apenas a dimensão da obra como unidade irreconhecível fora dessa forma que é seu único modo de existência.

Uma última palavra sobre o livro de Reynaldo. Ninguém terá deixado de observar que seu humor formal se exprime de maneira poliglota. O português, o alemão, o francês, o italiano e o inglês realizam nessa obra um mercado comum literário. Quer dizer que esse humor é, como toda ironia que se preze, culto e refinado, não de cultura pedante, mas de ligação direta com a cultura internacional europeia — precisamente a única que o Brasil conhece e, mais ainda, a única em que se reconhece. No entanto, eu penso que dificilmente essa aventura internacionalista poderia acontecer antes da conquista de uma linguagem não-discursiva. Realmente só a liberdade verbal da nova poesia seria capaz de permiti-lo, pois só nela encontramos uma tão grande distância entre a carga simbólica e o conteúdo cotidiano, que essa pureza possibilita sem afetação a ampliação do terreno poético para fora de uma determinada língua — um velho hábito de mr. Pound, por sinal.

Porque o humor de Reynaldo é mesmo uma resistência aos significados imediatos. Simbólico por excelência, o livro esconde no seu tom de brincadeira a multivalência de sentido que garante a sua riqueza. E humor, iroina, é afinal isto mesmo, um incansável depurar, uma incessante recusa à estreiteza do objeto em nome dá vastidão dos símbolos. Reynaldo utiliza o humor como instrumento de realização satírica contra o real. Ao retirar da palavra a função de mera transparência objetiva, simples remissão às coisas, ele a transforma por isso mesmo em palavracoisa multissignificativa; e isso por meio do contagiante humor formal.

SDJB, 17 de dezembro de 1961

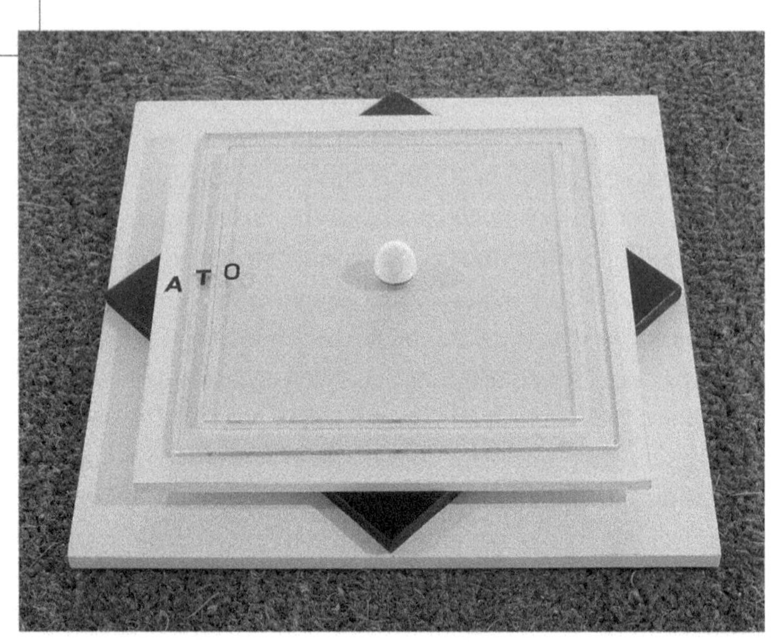

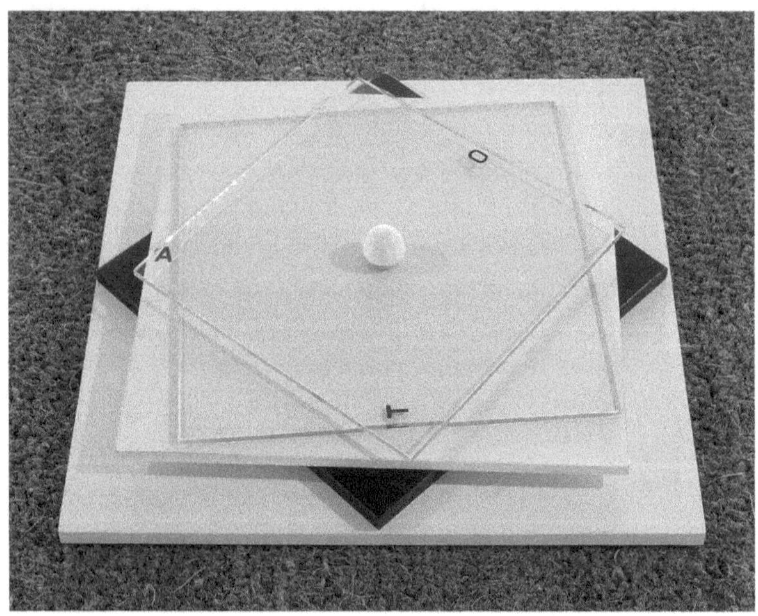

"Ato", poema de Osmar Dillon, 1960.

O NÃO-OBJETO VERBAL COMO SÍNTESE

Roberto Pontual

1

Um dos argumentos que, com maior veemência, se vem erguendo contra os não-objetos verbais de Ferreira Gullar, Osmar Dillon e Reynaldo Jardim, ou contra o *Livro da Criação* e *Poemas-gravura* de Lygia Pape, todos reunidos na *II Exposição Neoconcreta*, é o de que neles sempre se observa o emprego de recursos não englobados pelas formas tidas tradicionalmente como únicas de expressão poética. Ineludível é a presença de tais recursos naquelas obras: por vezes plásticos (formas, cores), por vezes mecânicos, entre outros, eles se apresentam de imediato, suscitando desde logo severas críticas na base da fórmula "poesia é linguagem, e apenas linguagem". Por certo, de um modo geral, o que fórmulas como essa pretendem é muito simples, simplório mesmo: o que não se puder considerar como recurso linguístico (em suma, o que não for discurso, desenvolvimento conceitual), obviamente não poderá ser computado como elemento pertencente de fato ao corpo do poema. Daí a conclusão: poesia = substantivo + adjetivo + verbo + adjuntos. Permite-se a variação de termos da proposição, e basta. Com isso a poesia (palavra-rótulo perigosa, pois leva tanta gente a buscar a essência dessa arte) fica irremediavelmente reclusa no compartimento formado por seus elementos imediatos, impedida de manter reais relações com as outras artes. E a situação piora quando vemos todo mundo discutindo e aprovando a "síntese das artes" mas, ao mesmo tempo, fazendo uso integral de seus dogmas no momento em que se trata de sair da mera teorização para constatar objetivamente aquela síntese. Porque a interpenetração das diversas artes é em nossa época algo cada vez mais sensível, inegável na prática. Para os que adotam posição tão radical há uma série de contra-argumentos. Em primeiro lugar, poderíamos repetir aqui a assertiva de Susanne Langer com que encerramos nosso artigo anterior ("Poesia: uma nova experiência"): Os limites da linguagem não são os limites últimos da experiência, e as coisas inacessíveis à linguagem podem possuir suas formas específicas de concepção, vale dizer, seus próprios recursos simbólicos".

Em seguida, seria oportuno sugerir uma análise cuidadosa de determinados fenômenos ocorridos aqui e ali na linha de evolução da poesia; observariam, então, os que se opõem definitivamente a uma poesia que empregue elementos extralinguísticos, a todos os demais rechaçando. De certa forma, esse é um problema que hoje em dia já não se discute, ou que pelo menos já não mais devia ser levantado: porém, levando em conta a dificuldade que muitos encontram em considerá-lo produto não só de nosso século e sim de tantos outros anteriores, nunca será demais a ele retornar e lembrar alguns fatos de importância. Recentemente esse mesmo *Suplemento Dominical* publicou a tradução de um breve ensaio do italiano Renato Mucci ("Poesia Figurada", *SDJB*,

5.11.1960), onde eram apresentados e estudados vários exemplos de poesia figurada, desde os poetas alexandrinos até o recente Dylan Thomas, passando, entre outros, por Ottaziano, Rabelais, Mallarmé, Govoni, Marinetti, Apollinaire e Ardengo Soffici. Dizia o articulista: "Com o poema *Visão e Prece*, de Thomas, encontramo-nos diante de recente e autorizado exemplo de poesia figurada, gênero literário a propósito do qual vimos fazendo pesquisas e recolhendo material de documentação tais, que nos levam a concluir que o mesmo foi cultivado, se não propriamente em todos os lugares e sempre, ao menos com uma certa continuidade no tempo e no espaço". Ora, a característica mais evidente da poesia figurada reside exatametne no emprego de recursos visuais atuando lado a lado com o nexo linguístico propriamente dito, e que, se não eliminam por completo o edifício conceitual do poema, tornam-no ao menos de importância reduzida, não global, já que inserem no corpo do poema (ainda que não através de perfeita fusão de todos os elementos) um edifício puramente presentativo, aconceitual. E Mucci concluía seu artigo, resumindo: "As razões da poesia figurada são ou de ordem prática, como parece acontecer no caso dos referidos poetas alexandrinos, para adaptar os versos à forma e às dimensões dos ex-votos, ou de ordem estética, como no caso dos modernos e contemporâneos, para obter uma síntese poesia-pintura, senão mesmo, como em Mallarmé, visando a uma integral síntese de todas as artes".

Realmente, cabe a Mallarmé um papel de suma importância nesse problema de uma poesia não estritamente conceitual. É claro que não se pretende, com isso, dizer que ele tivesse abolido o conceitual em seus poemas, o que equivaleria a um equívoco facilmente demonstrável; sucede, no entanto, que sua preocupação de abordar a palavra não só em seu aspecto conceitual ("poesia não se faz com ideias, e sim com palavras") como também em sua função musical, por exemplo, veio a transformá-lo em ponto de partida para todo esse proceso, na poesia de nosso século, em que pouco a pouco as formas discursivas (ou, como as denomina S. Langer, "simbólicas") foram cedendo lugar às formas representativas. Apollinaire surge como segundo têrmo importante desse processo, se bem que mais pela posição teórica que adotou e defendeu vigorosamente (veja-se sua magistral conferência "L'Esprit Nouveau Et Les Poètes") do que por suas próprias obras (referimo-nos, é lógico, aos caligramas), que na realiade indicam a sobrevivência de um equívoco: o de empregar recursos visuais como mera figuração de temas e conceitos, mas não em busca de uma síntese funcional.

Já com cummings retornamos ao uso orgânico dos recursos extralinguísticos, ou, como diz Augusto de Campos: "Em cummings, como em Mallarmé, a grafia se faz função. No poeta francês, o uso de diferentes tipos de impressão e das grandes interseções de branco na folha, bem como a posição das linhas na página, visam a criar uma estrutura que transcende a versificação linear, colocando o poema em uma nova dimensão perceptiva" (e. e. cummings: olho & fôlego). cummings vale como novo impulso para aquele processo, "atua diretamente sobre a palavra, desintegra-a, cria com suas articulações e desarticulações uma verdadeira dialética de olho e fôlego, que faz do poema um objeto sensível, quase palpável".

E chegamos então, com a poesia concreta e neo-concreta, ao momento em que recursos visuais assumem uma importância fundamental na estruturação do poema, ocasionando a eliminação do conceito em prol de uma apreensão basicamente fenomenológica. De 1956 até os atuais não-

-objetos verbais, o caminho foi percorrido coerentemente, em especial pelos poetas neoconcretos, que não quiseram permanecer tão somente ilustrando e esgotando as primeiras conquistas, e sim desenvolvê-las mais e mais; nos livros--poema, aos recursos visuais casam-se recursos mecânicos simples, a manuseabilidade; e os não-objetos, do campo poético, são o derradeiro e lógico termo desta sequência. Se eles se encontram quilômetros afastados de uma poesia tradicional, meramente linguística, discursiva, conceitual, tanto melhor, isso não tem a menor importância: são expressão, e por fugirem às normas preestabelecidas como essência da poesia é que receberam essa denominação geral de não-objetos verbais. Discutir a respeito do problema de se eles são isso ou aquilo é perder tempo. Eles são.

Aliás, encerrando esse primeiro item, valeria a pena transcrever uma nota de Maurice Blanchot anexa a seu lúcido ensaio "O livro e o Livro de Mallarmé": "Frente a esse poema (refere-se a "Un Coup de Dés") experimentamos como as noções de livro, de obra e de arte correspondem massimamente a todas as possibilidades ainda por vir que nele se encontam dissimuladas. Hoje em dia, a pintura faz pressentir, frequentemente, que aquilo que ela busca criar, suas produções, não mais podem ser consideradas como obras, porém como algo correspondente cuja denominação ainda não possuímos. O mesmo ocorre na literatura".

2

Vamos agora, deixando de lado a discussão puramente teórica, tentar mostrar que o emprego de recursos extralinguísticos nos não-objetos verbais de modo algum pretende ser um expedeiente para tornar bonitinhas e bem movimentadas aquelas obras.

Tais recursos surgiram, em verdade, com as próprias obras e desde então se estabeleceram orgânicamente como partes de um todo significativo em que o fundo conceitual foi abandonado por completo. Não são células mortas ou meros enxertos, de presença e participação dispensável; mas muito pelo contrário, exercem uma função vital diretamente responsável pela significação global de cada uma das obras em questão. Constituem um tecido, aproveitando ensinamento de W. Weidlé em sua *Biologia da Arte* — em que elementos verbais e elementos visuais ou mecânicos, entre outros, mantêm relações, vínculos reais, que, se modificados, trazem modificações equivalentes para todo o conjunto, como igualmente acontece com o tecido dos organismos vivos. Ou, segundo a terminologia empregada por Dámaso Alonso ("Poesia Espanhola"), são uma série de significantes plasmando um determinado significado (não seria, aliás, inoportuno abrir aqui um parêntese para indicar algumas afirmativas desse estilista espanhol que, embora tratando de uma poesia por completo distante da que estamos considerando, diz coisas realmente importantes para os argumentos que nos têm servido de defesa. "Um significado é uma intuição que produz uma modificação imediata, mais ou menos violenta, mais ou menos visível, de algum ou de todos os veios de nossa psique". "Os significantes não transmitem conceitos, e sim delicados complexos funcionais").

Pode-se, portanto e para concluir, considerar os não-objetos verbais como uma composição de elementos vários, assim como a água, por exemplo, que, composta por moléculas de hidrogênio e oxigênio, é mais do que a mera soma dessas moléculas; uma composição das mesmas; reunidos numa determinada proporção molecular, esses elementos perdem suas características eminentemente individuais em benefício de características novas, pertecentes exclusivamente ao composto. E vale acrescentar: sem as moléculas de hidrogênio a água seria moléculas de oxigênio, não mais água; sem os recursos visuais ou mecânicos, os não-objetos verbais ficariam reduzidos a simples "palavras em estado de dicionário" (necrópole idiomática, para Dámaso Alonso), e a denominação perderia todo o sentido.

Na verdade, esses elementos não devem ser chamados simplesmente de recursos, pois tal denominação lhes outorga um caráter de coisa extrínseca que de modo algum deve ser considerado real. São recursos da mesma forma que uma determinada palavra é recurso para expressar e significar algo. Compreendê-los como muletas ou dizê-los germinados artificialmente, com intenção restritiva, como o fez Carlos Diegues em artigo recentemente publicado no *Metropolitano* ("Exposição Neoconcreta e Não-objeto", 4.12.1960), indica sério equívoco. Afinal, os recursos de que se serve um poeta tradicional para enriquecer a área vital da palavra não serão também muletas ou germinados artificialmente? Deixará o verso de ser um artifício? A rima? A aliteração, onomatopeia, etc.? Para não tocar, é claro, nos recursos gráficos, sejam eles orgânicos ou figurativos. Logo em seguida, Carlos Diegues acrescenta: "Não seria mais simples reconstruir a área vital desta palavra (refere-se à palavra "lua", do não-objeto de Osmar Dillon)? Não seria mais autêntico recarregá-la dentro dos limites da sua vitalidade?" Mas é exatamente reconstruir a área vital da palavra o que pretendem os poetas neoconcretos através de seus não-objetos verbais! Não é por menos que Gullar diz claramente: "O que importa não é fazer um poema — nem mesmo fazer um não-objeto — mas revelar o quanto de mundo se deposita na palavra". Apenas essa reconstrução não mais se opera no âmbito conceitual que, de nenhum modo, cabe considerar como limítrofe da vitalidade da palavra; o emprego de cubos, pirâmides, superfícies em vidro e plástico, gravuras, que parece ser o foco de revolta contra os não-objetos, tem a função exatamente de revitalizar a palavra (tão entorpecida pelo uso que dela fizeram e fazem os nossos ocopoetas) num âmbito não tradicional. Diegues não deixou de perceber a falência da palavra, mas sugere como remédio uma das causas fundamentais dessa falência: a revitalização conceitual.

3

Como se vê, estamos batendo uma mesma tecla: a de que o emprego de elementos extralinguísticos nos não-objetos verbais não resulta de uma atitude sem qualuqer fundamento. No estanto, temos sido até aqui por demais teóricos. Mudaremos, agora, um pouco nosso rumo.

Tomemos, por exemplo, um dos não-objetos verbais de Ferreira Gullar. O operador (já Mallarmé chamava o leitor de operador) depara, de início, com um cubo branco de madeira em que se eliminou uma das faces — a que para ele fica voltada — permitindo ver que no seu interior foram inseridas, por meio de estrias abertas em dois lados paralelos, duas finas placas móveis. O cubo: ainda um objeto, sensível e possuidor de nome, mas opaco a uma apreensão integral. O operador dá início, então, à manipulação, retirando ao mesmo tempo do cubo as duas placas e separando depois uma da outra. Feito isso, descobre (em ambos os sentidos) a palavra "Pássaro". E nesse exato momento — deflagrada a palavra, elemento verbal propriamente dito — o cubo, as duas placas, todos os elementos plásticos, enfim, adquirem uma signifcação que lhes faz passar da condição de objetos à condição nova de não-objetos, não mais opacos e refratá-

246

rios à posse total. Cubo-gaiola, placas-asas: toda uma significação impregna aquelas formas que antes se apresentavam como meros objetos. Em outro não-objeto de Gullar, o da palavra "Era" encoberta pela pirâmide amarela, também a pirâmide adquire e reforça o significado da palavra desde que esta é detonada, assim como o peso do cubo azul, num terceiro não-objeto, sob o qual pulsa a palavra "Lembra".

Da mesma forma, cabe efetuar análise semelhante para o caso dos não-objetos verbais de Osmar Dillon. Já em artigo anterior ("Poesia: uma nova experiência") apresentaremos detalhadamente o funcionamento de três de seus não-objetos: "Lua", "Muro-branco" e "Ave"; mas fizemos referência apenas ao elemento verbal de cada um desses não-objetos, deixando de lado a significação dos seus elementos plásticos e mecânicos. É indiscutível que tais elementos têm, ou melhor, vão adquirindo um determinado significado no decorrer da manipulação, para, ao término do processo (ciclo do objeto ao não-objeto), constituírem um único significado-síntese, em essência produzido pelo elemento verbal (uma das diferenças que não se pode deixar de observar entre os trabalhos de Gullar e os de Dilon é a de que enquanto nos primeiros a impregnação de significados nos elementos plásticos se faz repentinamente, num único lance logo que detonada a palavra, nos de Dillon a significação vai se elaborando pouco a pouco, em etapas que terminam por estabelecer um ciclo. Por outro lado, a terminologia de Dámaso Alonso que anteriormente adotamos — significantes plasmando um significado — funciona com maior propriedade no caso dos não-objetos de Dillon do que para os de Gullar). No não-objeto "Lua", por exemplo, ao mesmo tempo em que a manipulação vai permitindo que a palavra perca sua opacidade para finalmente se entregar por completo (cf. nosso artigo anterior, já referido), é preciso também considerar a função e a significação dos elementos plásticos, todos componentes de uma síntese que é o não-objeto. Por certo, foi exatamente por não haver percebido tal síntese de elementos (em face de alguma precipitação no julgamento, talvez) que Carlos Diegues pode elaborar uma ressalva tão ingênua, ao afirmar em seu artigo: "No poema de Dillon ave-leve, a palavra ave poderia ser substituída por qualquer outra coisa, e nada perderia o não-objeto". Imenso equívoco! Substituir a palavra "Ave" (ou a palavra "Lua", ou ainda qualquer outra palavra tanto nos não-objetos de Dillon quanto nos de Gullar) causaria um rompimento irreparável na síntese de elementos e obrigaria, para que uma nova síntese viesse a se estabelecer, uma substituição equivalente de elementos plásticos e mecânicos: e com isto, ter-se-ia criado um novo não-objeto.

Tentaremos, esquematicamente, relacionar os significantes de dois dos não-objetos de Osmar Dillon: "Lua" e "Ave", lembrando que a descrição detalhada de ambos se encontra em nosso artigo anterior e que é indispensável para a compreensão do que abaixo iremos estabelecer. Primeiramente, "Lua":

Círculo de vidro = forma da lua (uma de suas formas. Ela adquire um significado pleno quando a letra U, depois de dissociada da palavra "Lua", volta a tomar seu lugar de origem, ocasionando a plenitude da palavra na forma plena da lua);

Quadrado branco de madeira = campo em que a lua existe e se move, Cosmo. Ou ainda, embora contrariando mas não anulando a primeira denotação (ambas podem perfeitamente subsistir paralelas), a Terra, num sentido de relação e de dependência: satélite. E a cor branca da placa = luz da lua;

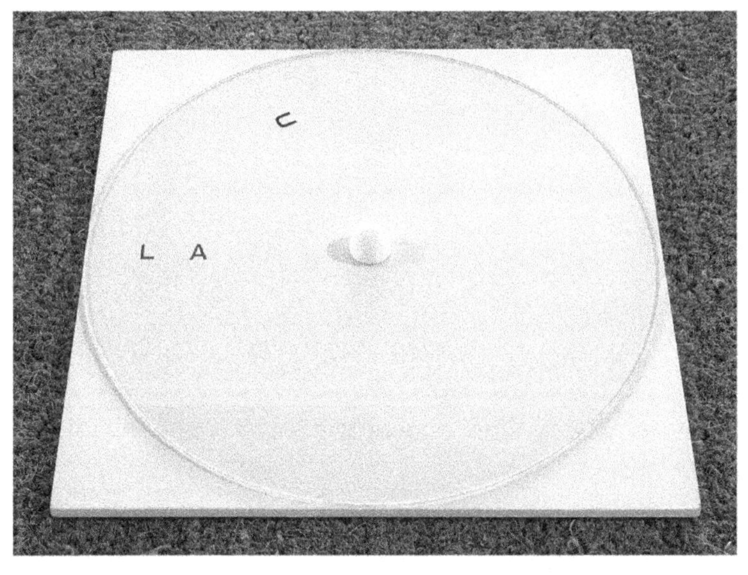

C
L A

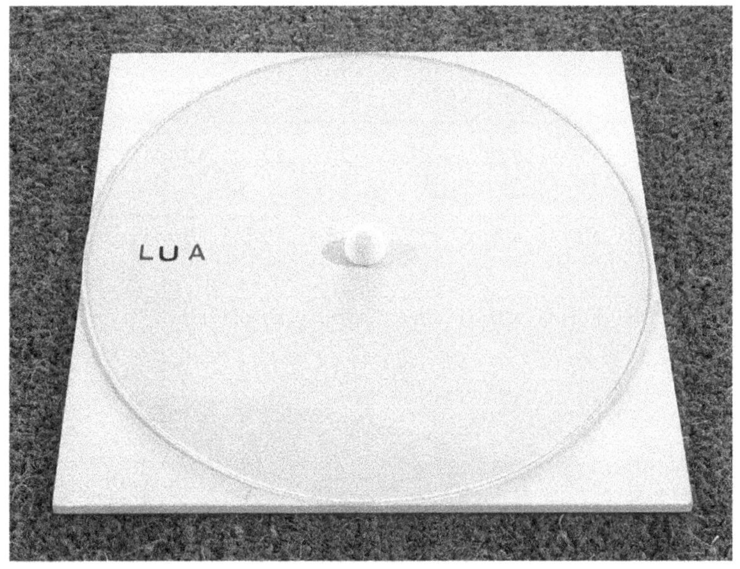

L U A

AVE

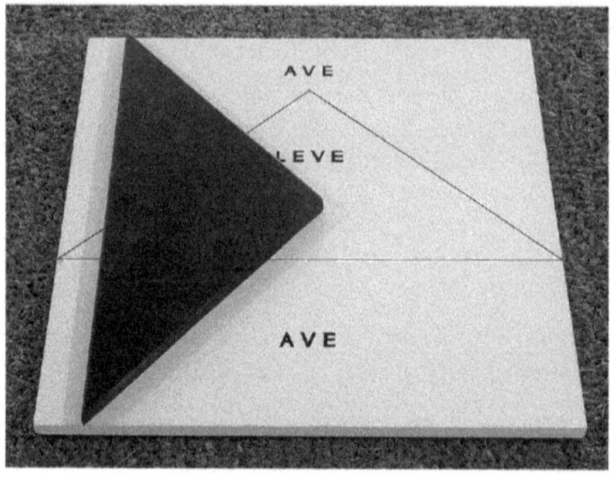
AVE
LEVE
AVE

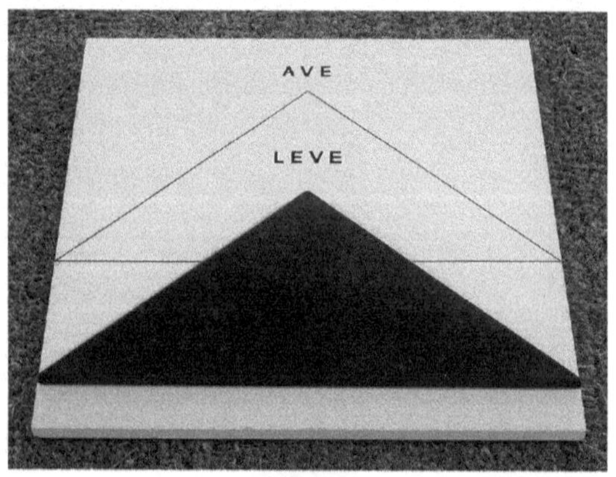
AVE
LEVE

Girar da superfície circular de vidro = movimentos da lua, em torno de si mesma, em torno da Terra e no Cosmo;

Letra U móvel = ponto de referência do movimento giratório em suas incontáveis posições: incontáveis posições-fases da lua com relação à Terra e dentro do Cosmo. Relacionamento da letra U em movimento e das letras L e A fixas sobre a placa branca.

Por outro lado, no não-objeto "Ave" do mesmo Osmar Dillon encontramos, paralelamente ao processo em que um conceito ("Leve") vai sendo pouco a pouco anulado em benefício de uma apreensão total da palavra "Ave", uma série de elementos plásticos e mecânicos, significativos, atuando no decorrer no processo como molas propulsoras.

Dois triângulos = asas da ave; os triângulos mantêm estreita e constante relação entre si;

Triângulo preto móvel = voo da ave;

Cor azul da placa = habitat da ave em voo;

Cor branca de um dos triângulos = reforço ao conceito leve (que está escrito sobre esse triângulo); observar que as duas palavras ave foram escritas sobre o azul, enquanto leve, por ser de outra natureza (conceitual), foi escrita sobre uma superfície de natureza e cor diversas;

Finalmente, o fato de leve ter sido escrito sobre uma asa (o triângulo de cor branca) gera uma significação de voo leve e não diretamente de ave leve, o que torna o movimento do triângulo preto ainda mais significativo, em seu fácil girar em torno de um eixo.

Mas tudo isso são frases que, em última instância, servem apenas para diluir a significação global de cada um dos não-objetos a que estamos nos referindo. Em verdade, eles devem ser apreendidos não através de um pensar analítico-discursivo e sim — realizando pela primeira vez integralmente o que sugeria Apollinaire — por meio de uma experiência fundamentalmente sintético-ideogrâmica, em que o conceito precisa ser deixado por completo à parte. Explicar, com detalhes, as novas obras, é fazer com que elas percam toda a sua substância.

E, como o problema principal de nosso artigo foi gerado pelo emprego de elementos extralinguísticos em obras que, tradicionalmente, não os comportam, vamos encerrá-lo com um trecho da "Teoria do Não-Objeto" de Ferreira Gullar, acerca deste mesmo problema: "O não-objeto verbal é o antidicionário: o lugar onde a palavra isolada irradia toda a sua carga. Os elementos visuais que ali se casam a ela têm a função de explicitar, intensificar, concretizar a multivocidade que a palavra encerra".

SDJB, 17 de dezembro de 1960

TEATRO INTEGRAL

Reynaldo Jardim

1. Dou as indicações para quem desejar fazer o levantamento estético disso que estou chamando teatro integral: a estagnação do processo evolutivo do teatro como arte; a natural deturpação do que é uma peça ao ser interpretada por diretores e atores; a necessidade de um teatro que se mantenha integral (que sempre seja mostrado, em qualquer dia e tempo, segundo foi criado); a subordinação do teatro à literatura e necessidade de que se torne uma arte autônoma; novo teatro, nova arquitetura.

2. Dou a quem desejar construir o Teatro Integral algumas indicações necessárias, através dos croquis que ilustram essa página:

A — O teatro integral visto por fora: um cubo (4 a 6 metros de lado).

B — Estrutura do Cubo (metal ou madeira) de modo a que paredes e teto possam ser removidos: palavra, cor e desenho sobre as paredes que fazem parte da ação dramática.

C — Parede removível.

não-objéto: teatro

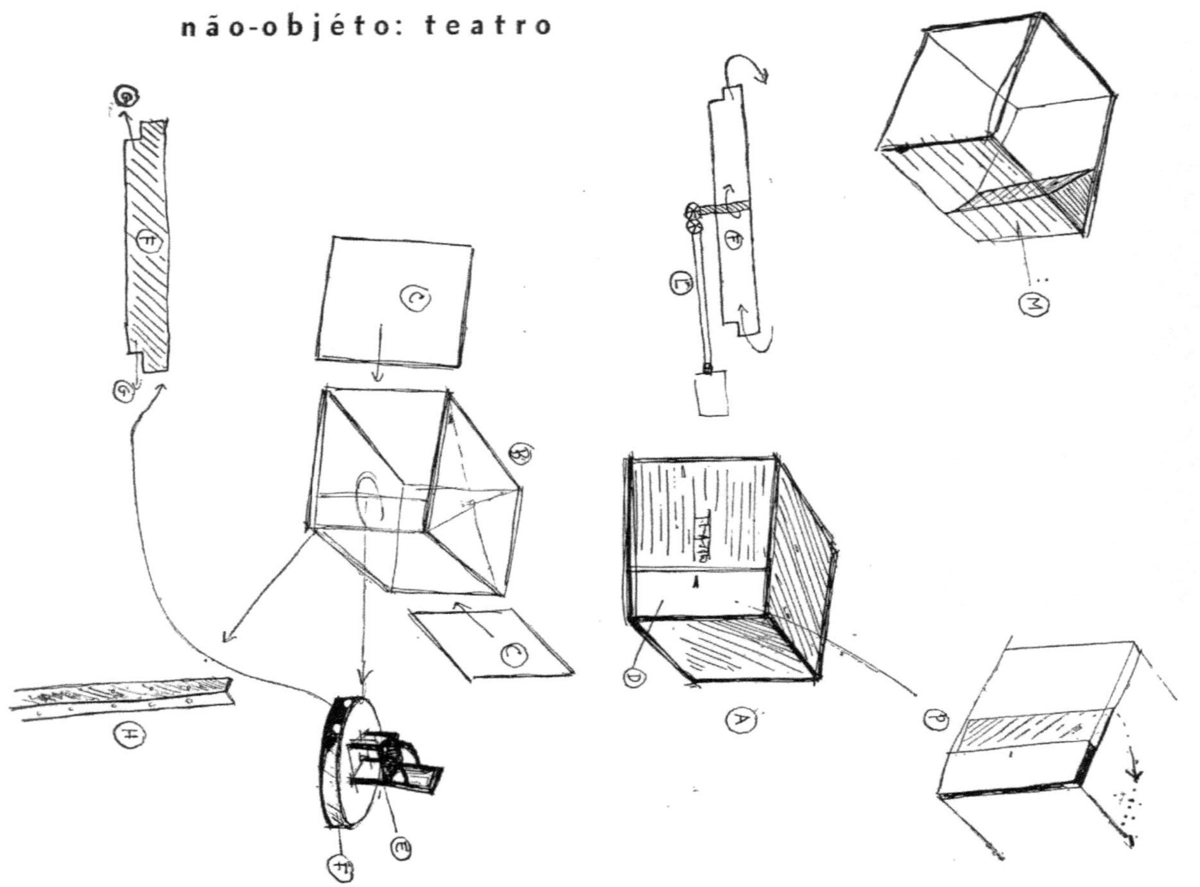

D — Porta de entrada.

E — Cadeira colocada no centro do teatro.

F — Plataforma giratória sobre a qual está fixada a cadeira: só a um espectador é dado assistir a peça de cada vez.

G — Orifícos de ventilação.

H — Detalhe de um dos suportes da estrutura cúbica. Observe os orifícios onde as paredes móveis serão fixadas.

I — Spot-lights colocados na plataforma (F) iluminam as paredes. A cor e intensidade das luzes variam de acordo com a peça.

J — O cubo aberto. Ao planejar a peça convém ter essa visão para manter a unidade.

L — Plataforma, vendo-se o mecanismo que aciona a plataforma giratória. O motor (se fizer ruído) deve ser colocado fora do teatro.

M — Paredes suplementares podem ser colocadas no interior do teatro. Podem ser translúcidas para se conseguir efeitos de luz.

N — A plataforma pode ser acionada pelo próprio espectador mediante botão colocado nos braços da cadeira. Os spot-lights também podem ser acesos pelo mesmo processo.

O — Ao entrar, o espectador deve ver apenas a cadeira, iluminada por cima.

P — A fim de não ficar entre a porta e a parede, a parte interna da porta pode ser mais larga.

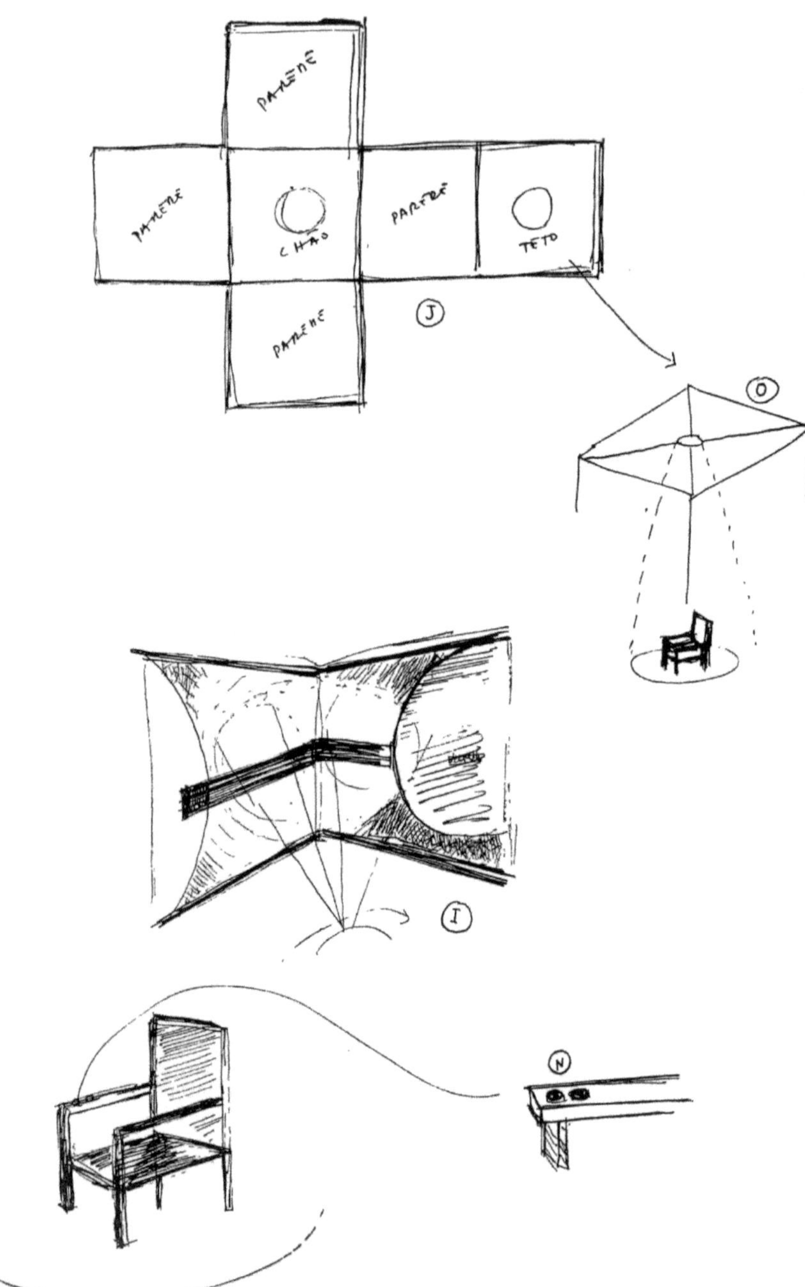

PAREDE
PAREDE
CHÃO
PAREDE
PAREDE
TETO
J
O
I
N

CONSIDERAÇÕES:

1. Ao entrar na câmara de teatro o espectador (por entrar só, num compartimento escuro, sem saber o que o espera) já se encontra numa situação emocional. Está só e só ele vai viver naquele momento aquela aventura teatral. Vai cumprir um ritual. Sentar-se e deixar cair sobre si todo um organismo do qual ele faz parte. Há um silêncio. Pode haver música cuja fonte não deve ser localizada. Ele será não-eletrocutado. Mas deve viver um tempo vital.

2. Enquanto dura a ação o epectador está desligado do mundo convencional, das realidades cotidianas. Será um momento de purgação. Ele deverá viver o cerne de uma obra de arte.

3. Todo o espaço cúbico do teatro faz parte da ação dramática. O espectador é atravessado pela ação que o polariza e o aciona.

4. Não é aconselhável ao espectador erguer-se da cadeira enquanto dura o espetáculo (uso a palavra espetáculo por me faltar outra mais precisa). Seria mesmo estranho alguém ficar num cubo andando de um lado para outro com uma cadeira girando sem parar.

Ainda mais com os spot-lights acesos na plataforma giratória projetando sua luz. Isso pode conduzir à loucura. O melhor mesmo é permanecer sentado e suportar o universo.

5. O Teatro Integral fará parte da segunda exposição neoconcreta a ser realizada no segundo semestre deste ano (1960).

6. Além do primeiro espetáculo que será produzido pelo signatário, o Teatro Integral montará produções de Ferrei-

ra Gullar, Almícar de Castro. Solicitará produções de Lygia
Clark, Paulo Francis, José Carlos Oliveira, Gianni Ratto, Flá-
vio Rangel, Oscar Niemeyer, Mário Pedrosa.

SDJB, 30.1.1960

OS NOVOS PROJETOS DE HÉLIO OITICICA

Mário Pedrosa

Deve-se aplaudir, calorosamente, o MAM do Rio de Janeiro, por acolher uma experiência como a desse jovem artista de talento, que é Hélio Oiticica. É que os museus de arte contemporâneos, ou aqueles dedicados a esse mito que é a arte dita moderna, não podem ser confinados às atividades tradicionais da entidade — guardar e expor obras-primas. Suas funções são bem mais complexas. São eles intrinsecamente casas, laboratórios de experiências culturais. Laboratórios imediatamente desinterressados, isto é, de ordem estética, a fim de permitir que as experiências e vivências se façam e se realizem nas melhores condições possíveis ao estímulo criador. O Museu, assim concebido, é a luva elástica para o criador livre enfiar a mão.

Hélio Oiticica, jovem artista austero, como convêm a neto de anarquista ilustre, traz ao nosso museu uma de suas últimas ideias, fruto pessoal do desgarramento coletivo dos concretistas do Rio do tronco oficial do concretismo, quando organizaram, sob a liderança de Ferreira Gullar-Lygia Clark, o grupo neoconcreto. Hélio, que foi aluno de Ivan Serpa, desde o grupo Frente, fez seu caminho próprio dentro das concepções estéticas neoconcretas. Rompeu com a moldura do quadro, à procura do espaço real, libertou-se do retângulo tradicional, tentou suprimir os últimos vestígios de qualquer suporte para a obra de arte, e criou as placas coloridas suspensas, numa tentativa de chegar ao ideal absoluto, descrito por Ferreira Gullar como não-objeto.

A maquete, que hoje é exposta no MAM (Rio), agrega uma nova ideia às precendentes experiências: a do tempo vivenciado, sob a forma de participação de espectador na experiência do criador. Esta ideia foi um desdobramento natural da descoberta poética da noção de tempo que os poetas e artistas neoconcretistas fizeram, ao distanciar-se da ortodoxia espacial serial do concretismo. Dessa descoberta saíram o livro-poema de Reynaldo Jardim, o poema-ação de Gullar, o *bicho* de Lygia Clark, o livro da criação de Lygia Pape, e de Hélio, afinal, o lugar privilegiado para onde quer convidar o transeunte, que passa, a sair do cotidiano.

Para acentuar o caráter inordinário do sítio, o artista lhe dá nomes de constelações e nebulosas, e chama o projeto exposto de *Cães de Caça*, um desses seres kandiskianos da Via Láctea.

Tratar-se-ia, digamos, de um jardim abstrato, que lembraria o Rioanji, de areia e pedra, de Kioto, no Japão. Nele, o pintor reúne o *Poema Enterrado*, de Ferreira Gullar, e o *Teatro Integral*, de Reynaldo Jardim, entremeados de seus *Penetráveis*, obras suas, onde se entra empurrando ou fazendo girar paredes, subindo escadas ou contornando placas e painéis, caminhando, como num labirinto para... encarar cores. Alguns desses *Penetráveis* são labirintos, outros são cantos e recantos de paredes coloridas movediças. Envolvendo, entretanto, todos esses recintos individuais para solilóquios, existe um labirinto maior que pode abrigar em seu perímetro, mais de uma pessoa, como espaço de iniciação grupal para o solilóquio vivencial das obras, no interior.

Traço curioso e simpático na concepção de Oiticica — e muito moderno — é certo caráter coletivista que sua própria criação comporta, deixando de ser algo puramente individualista e egocentrista. Com efeito, ela pede a colaboração de obras individuais de outros artistas: Nesses projetos, se cria uma atmosfera espacial e espiritual propícia à realização de outros projetos ousados de outros criadores, como, no caso, o *Poema Enterrado*, de Gullar, ou o *Teatro Integral*, de Jardim.

A participação do espectador na obra já é aqui mais complexa: não é mais a simples participação dele na obra criada, completando-a ou integrando-se nela; mas dele, observador, com um mundo poético ou mágico que lhe foi dado, com o seu criador fora do recinto. O participante se integraria, libertado do cotidiano, em si mesmo, isto é, na vivência original da experiência primeira. Há nisso qualquer coisa daquelas *invitations au voyage* da época romântica: a diferença é que a nostalgia romântica da fuga vem, desta vez, impregnada — pela consciência dos tempos — de uma patética ressonância ética.

Quanto à apreciação artística da experiência, que cada espectador julgue por si mesmo.

SDJB, 25.11.1960

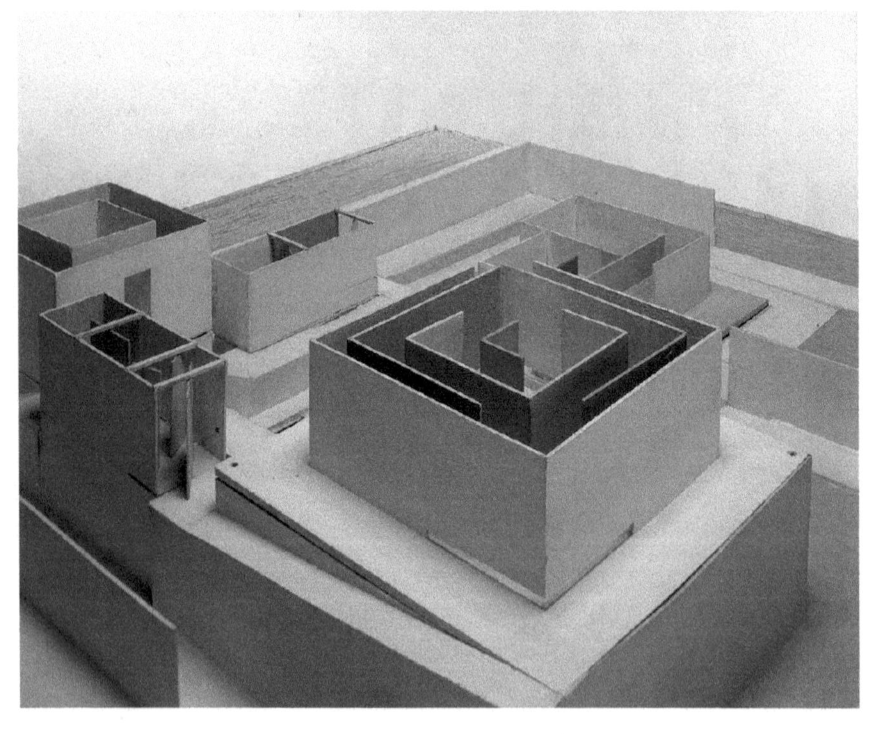

Maqueta do Projeto Cães de Caça, 1961.

A MAQUETA DE JARDIM DE OITICICA

Hélio Oiticica

A proprósito da Exposição Neoconcreta, que vai ser inaugurada no Museu de Arte Moderna de São Paulo, pedimos a Hélio Oiticica para prestar alguns esclarecimentos sobre sua contribuição à mostra:

Qual vai se a sua participação na Exposição Neoconcreta?

Como na exposição anterior, no Ministério da Educação, vou apresentar uma série de não-objetos. A novidade será a grande maqueta (1,6 x 1,6 m) do projeto para um jardim. O jardim será todo em construções, e sem nenhuma vegetação. Inclui cinco maquetas minhas, duas sob forma de labirinto e três em placas rodantes, além do *Poema Enterrado* de Ferreira Gullar e do recinto para o *Teatro Integral* de Reynaldo Jardim.

Possuirá, portanto, um sentido inteiramente diverto do habitual em matéria de jardins.

Sim, e não só pelo fato de incluir unicamente obras com sentido estético, como por um certo caráter mágico que existe em sua estrutura.

Que caráter mágico é esse?

Acho que possui caráter mágico, por um lado, porque as obras que o compõem levam as pessoas que nele penetram a um outro plano que não o do cotidiano, e, por outro, por ser ele integralmente composto de obras estéticas. Num jardim comum, por exemplo, a natureza é organizada, sem deixar, no entanto, de ser natureza, ao passo que aqui a intenção é totalmente desligada de qualquer preocupação com a natureza e consiste em procurar elevar o espectador a uma participação estética integral.

Pode-se considerá-lo então como uma espécie de jardim artificial?

Sim. O único elemento de natureza nele será a areia penteada como nos jardins japoneses.

Qual é o material previsto para as construções?

O comum — concreto e alvenaria. O piso das três entradas será de mármore, para criar uma ligação entre a parte construída e a areia.

Qual a importância da cor?

A cor é um dos elementos mais importantes. Sendo a predominância em tons de amarelo e branco na parte exterior e, na parte interior, de outros tons, mas sempre luminosos.

Ao se entrar por qualquer das três entradas, os tons exteriores de amarelo e branco serão mais suaves, intensificando-se à medida que se chega ao centro do grande labirinto, sendo mais intenso ainda no interior das maquetas, principalmente nas minhas, em que a cor atua como elemento fundamental.

E você prevê a realização do seu projeto?

Está claro que gostaria de vê-lo construído, ainda que para isso fosse preciso contar com o interesse por parte de arquitetos e autoridades.

Por que, então, jardim e não monumento?

O projeto se aproxima, na verdade, do sentido de monumento, e ainda, do de templo, mas difere essencialmente de ambos. Num e noutro existe um sentido acessório no estético. O templo é sempre concebido como um recinto destinado à guarda das divindades. O monumento, por seu lado, também se destina, de certo modo, a guardar ou a cultuar a memória de algo ou alguém. Já este meu projeto não possui qualquer desses sentdos acessórios, sendo destinado unicamente à participação e à contemplação estética.

SDJB, 21 de abril de 1961

s.djb

suplemento dominical
jornal do brasil
rio de janeiro, sábado, 20 e
domingo, 21 de maio de 1961

Hélio Oiticica um dos mais jovens artistas neoconcretos, vem apresentando, nas últimas exposições do grupo, uma série de trabalhos que representam a evolução de sua pintura, antes virtualmente espacial, para o espaço mesmo. A experiência de Hélio obedece a um processo e chega a um resultado totalmente diverso do de Lygia Clark, que, da pintura, saiu também para o espaço, mas no sentido de uma escultura dinâmica. Já os trabalhos de Oiticica nada têm a ver com a escultura. O artista já teve a sua experiência analisada pelo crítico Ferreira Gullar, neste Suplemento. Agora, por ocasião da mostra neoconcreta do MAM de São Paulo, viemos pedir-lhe que nos falasse de seu trabalho e nos desse o seu próprio testemunho sobre as pesquisas que o levaram a realizar êsses não-mais-quadros, que ora são pendurados no teto isoladamente, ora em grupos, formando uma espécie de trama suspensa.

Maquete de um projeto para ser colocada em parques ou jardins

É Hélio quem nos explica:

— Sinto que o quadro não satisfaz de forma alguma às necessidades de expressão de nosso tempo. A eliminação do quadro é a continuação, de certo modo, da eliminação da figura. Isto porque o quadro é um espaço dado *a priori* — um retângulo, um suporte para a contemplação. É um elemento contemplativo por excelência. Quando existe um suporte, para que se faça em seu interior uma composição, o que decorre necessàriamente é sempre uma figuração. Dado o quadro, temos um suporte para a figuração.

No quadro, o sentido de espaço (e em arte espaço e tempo são sempre metafóricos) está limitado ao retângulo. Cada pintor, apesar de usar o retângulo, tem um sentido de espaço diverso. A pintura sempre foi um fato condicionado ao quadro, enquanto ela se fêz dentro do espaço retangular dado *a priori*. Dava-se dentro do quadro, suporte passivo da expressão. O espaço, pois, era um espaço de ficção. Durante séculos, a pintura não influiu na forma do quadro. Entenda-se, pois, que não tomo pintura por sinônimo de quadro.

— Quando Lygia Clark fazia aquêles quadros recortados, estava quebrando virtualmente a estrutura do quadro. Apesar de usar a forma retangular, o quadro estava rompido, pois as suas formas componentes vinham de fora para dentro. As placas eram postas sôbre o quadro. Daí, Lygia

Oiticica: transformação dialética da pintura

Vera Martins

O PROJETO CÃES DE CAÇA

Hélio Oiticica

Será dado a conhecer ao público do Rio, amanhã, no Museu de Arte Moderna, o Projeto Cães de Caça de Hélio Oiticica, um dos vanguardistas nas artes plásticas brasileiras. Trouxemos o artista até cá para que nos fale e explique do que se trata esse projeto, já que é do maior interesse, pois está intimamente ligado ao desenvolvimento estético dos mais avançados na arte contemporânea. Evidentemente esta será uma explanação geral para a compreensão do público, sem entrar em detalhes teóricos e estéticos, a que só experts estariam à altura de compreender. Oiticica, como poderemos definir esse seu projeto, e do que se compõe?

Esse projeto seria algo como um jardim, aberto ao público, em uma cidade qualquer, de preferência num lugar amplo, como se fosse um parque, e não dando saída diretamente para ruas. A grande questão, porém, é a de que não se trata de um jardim habitual como se está acostumado a entender, com a utilidade pura e simples de jardim. Trata-se de um grande labirinto com três saídas: à medida em que se penetra nesse labirinto vão-se sucedendo os elementos de ordem estética que o compõem, que são: o *Poema Enterrado* de Ferreira Gullar, o *Teatro Integral* de Reynaldo Jardim, e cinco *Penetráveis* de minha autoria. O elemento de natureza, que é areia penteada misturada com pequenas pedras, envolve todo o projeto e vai diminuindo até desaparecer, à medida em que se penetra no mesmo. Creio que devo explicar com certos detalhes o que são essas obras, tanto pelo seu caráter quanto pelo seu estado estético.

Os *Penetráveis* são estruturas labirínticas no espaço, construídas de modo a serem penetradas pelo espectador, ao desvendar-lhe a estrutura. Nos dois primeiros, a concepção é um verdadeiro labirinto, onde os espaços, vazamentos, placas de cor, se sucedem uma após outra, até chegar a um centro, que é o "ápice" do labirinto. Ao voltar, o espectador vê faces que talvez não tenha visto ao entrar, pois está fazendo um movimento inverso. Seria como se fossem grandes afrescos, de várias faces, onde também a cor do chão conta como elemento componente. O espectador, pois, literalmente "penetra" na obra, desenvolvendo-se numa vivência da mesma. Não possuem teto.

Já os outros três *Penetráveis* são menos "labirintos" e mais "caixas", providas de placas rodantes (rodam num eixo central). O espectador empurra e roda essas placas de cor à medida que penetra nas "caixas", sendo portanto em relação aos primeiros labirintos, estruturas mais "móveis"

Poder-se-ia perguntar "Qual a 'utilidade' disso? Para que 'serve'"? Seria uma pergunta equívoca, pois o caráter dessas obras é puramente estético, e já que é estético é também gratuito no sentido "utilitário". Uma obra de arte de qualquer natureza não é "utilitária", pois senão já deixa de ser obra de arte. Sendo uma manifestação livre do espírito do seu autor é também para ser apreendida e vivenciada livremente, do contrário não será entendida, passando assim a ser uma coisa vã. O caráter, pois, desse projeto, é puramente estético. O indivíduo aqui se refugiaria, assim como quem entra num museu, para vivências de ordem estética, como se fosse algo "mágico", capaz de levá-lo a outro plano que não o do cotidiano. Cada uma das sete obras componentes do projeto só pode ser penetrada por uma pessoa de cada vez. O grande labirinto, que constitui o liame entre essas obras, evidentemente que não; pode conter muita gente no seu perímetro. É, pois, esse caráter de "penetração individual" e o próprio sentido intrínseco das obras que justifica a relação entre esses meus *Penetráveis* e o *Poema Enterrado* de Gullar e o *Teatro Integral* de Reynaldo Jardim.

O *Poema Enterrado* de Ferreira Gullar constitui uma das obras mais importantes desse poeta, para quem a poesia foi-se depurando e transformando-se até chegar a admitir como elementos também seus, além da palavra, a cor, o movimento, e a própria transformação do seu "suporte", que era o livro, tendo sido este transformado no "livro-poema", evoluindo logo após para o "não-objeto" de ordem poética. Seria exaustivo discutir aqui as razões estético-teóricas desse desenvolvimento, mesmo porque, para os leitores do *Suplemento Dominical do Jornal do Brasil* já é bem conhecido. Limito-me a apresentar o *Poema Enterrado*. Para ser possível a penetração aqui, levanta-se um alçapão (fica numa posição vertical depois de levantado), desce-se um pequeno lance de escada (dois metros de altura), abre-se logo após uma porta de correr, penetrando-se então na sala, que nada mais é que um grande cubo de dois metros de aresta. É preta: teto, paredes e chão. No seu centro está um cubo vermelho; desse cubo vermelho, tirando-se a tampa revela-se um cubo verde; levantando-se o verde revela-se um outro ainda menor branco; tirando-se o branco está a palavra. Deixando de lado o que possa haver de "anedótico" e "curioso" para o espectador desprevenido, devo dizer que no fundo não é nem uma coisa nem outra. Vejo isto como se fosse uma necessidade de fundar um lugar arquitetônico para a palavra, como o quer o próprio autor, levado a um extremo de solução, sendo ao mesmo tempo como que o "enterro" da poesia tradicional e o "plantar" de um novo tipo de expressão, inesperada, pura e nobre. Pelo seu caráter temporal e altamente expressivo, puramente poético, constitui essa obra uma contribuição universal e importantíssima para o desenvolvimento da poesia de vanguarda do Brasil.

O *Teatro Integral* de Reynaldo Jardim, na verdade, não é um "teatro"no sentido comum que se dá ao mesmo, pois só pode ser visto por uma pessoa de cada vez. Entra-se numa arquitetura cúbica, e ao centro está uma cadeira fixada ao chão, e rodante sobre um eixo central; o espectador, pois, pode rodar 180º para presenciar o que se passa à sua volta. À volta, num painel de vidro, passa-se a "cena", que seria constituída de dispositivos eletrônicos e "peças" em que não só a palavra, como a luz, a cor, o som e mesmo aromas constituiriam os seus elementos fundamentais. A cena começa após ter sido acionada pelo próprio espectador. Evidentemente as "peças" mudariam, não seriam sempre as mesmas, pois vários artistas e escritores já se propuseram a escrever "peças cenas" para esse novo desenvolvimento do teatro. Considero, em verdade, o *Teatro Integral* como uma fusão de elementos de teatro e elementos de cinema, uma fusão entre a participação e a mecanicidade, ambas tornadas expressivas e estéticas, numa linguagem que talvez se constitua em algo mais autêntico para representar a linguagem ao mundo de hoje. Difere, pois, do sentido participação-movimento das obras enunciadas anteriormente, mas liga-se a elas fundamentalmente, com outro tipo de dimensão do movimento, ou seja, a participação-movimento mais movimento mecânico. É uma concepção tão cheia de possibilidades e rica de ideias, que só ao pensar nelas sentimo-nos excitados a inventar "peças-cenas", pois a imaginação encontra aqui um campo virgem para se expandir, características de toda verdadeira inovação num setor qualquer de expressão.

Voltando à sua experiência, com vêm-se desenvolvendo os Penetráveis, e que são os Núcleos?

Além dos *Penetráveis* que estão incluídos no *Projeto Cães de Caça*, tenho várias maquetes de outros, que pretendo realizar, futuramente, em outros projetos, já tendo em vista um com um poema de Lygia Pape, outro com obra de Lygia Clark e também um com poema de W. Surtan. É interessante notar que enquanto os *Penetráveis* são mais facilmente assimiláveis pelos temperamentos mais instintivos, e menos intelectuais, os *Núcleos* atraem principalmente um temperamento mais intelectual e menos instintivo.

Os *Núcleos* são o desenvolvimento das obras suspensas no espaço que venho realizando desde que transformei a pintura do quadro para o espaço. Essas obras suspensas são do conhecimento do público, já que foram expostas ano passado. Os *Núcleos* são também suspensos, porém não só como uma peça, mas são constituídos alguns de 6, outro de 12, outro de 19, outro até de 26 peças. A meu ver constituem a consequência da pintura-quadro transformada em pintura no espaço, organizando-se aqui em núcleos, sugerindo mesmo a ideia de uma "pintura nuclear". Não cabe também aqui a explicação teórico-estética da ideia. Acho, porém, que são uma inovação importantíssima na integração da cor em novo contexto estético que não o "quadro", para mim ultrapassado, constituindo ainda um "suporte" para o desenvolvimento da cor. É, na verdade, a integração dos elementos cor, tempo, espaço numa nova estrutura.

Além disso realizei já em tamanho natural um *Penetrável*, não para exterior, pois é realizado em madeira e tinta comum industrial, mas como uma peça habitual de arte.

A denominação "Cães de Caça", para o projeto, vem do critério que estabeleci para a nomenclatura desses projetos, ou seja, nomes tomados a constelações e nebulosas, como se faz em projetos atômicos, sendo "Cães de Caça" o nome de uma nebulosa espiralada.

Pode-se argumentar contrariamente ao caráter "geométrico" dessas obras, como algo ultrapassado no desenvolvimento da arte contemporânea, ou demasiado ligada a Mondrian ou excessivamente "formalista", quando se procura uma arte "informal". Digo aqui que considero tais hipóteses como superficiais e descabidas, fruto da falta de profundidade que reina em geral nas artes plásticas brasileiras. Na verdade essa diferença, "geometrismo" de um lado e "informalismo" de outro, é uma diferença superficial relativa à forma exterior que apresentam as obras em questão e não quanto à sua gênese, o que é realmente importante. No fundo a diferença é apenas de dialéticas. Essas obras não são, pois, "geométricas", mas tomam aparência de tal, pois querem exprimir o puro espaço desenvolvendo-se no tempo, constituindo, ademais, a evolução vinda desde Malevitch e Mondrian, via neoplasticismo. Estão, porém, para Mondrian, assim como o Cubismo para Cézanne. Possuem ligação dialética, mas já constituem outra coisa que de modo algum é um epígono e sim algo novo e autêntico.

Posso, pois, ao mesmo tempo que compreendo e admiro como um grande criador um artista como Wols, admirar, sem atritos, uma grande criadora como Lygia Clark, e considerar e sentir ambos como representantes de uma época; ou Fontana e Magnelli, ou Schoffer e Pollock, etc.

A arte na verdade é universal e corresponde a um plano cósmico da existência humana, e quanto mais universal for, mais mescladas estão as diferenças puramente dialéticas que são elevadas a um plano de pura vivência cósmica, maior ou menor segundo o caso, permitindo assim, e só assim, o puro exercício criador do espírito.

Depoimento para o Museu de Arte Moderna, outubro de 1961.

Lygia Pape entrando no Poema Enterrado, 1961.

POEMA ENTERRADO

Ferreira Gullar

Entendo que a redescoberta do corpo no âmbito da expressão estética resultou do processo crítico empreendido pelos artistas modernos com respeito à concepção e à linguagem da arte do passado. Essa redescoberta teve numerosas consequências, particularmente no campo das artes plásticas, conduzindo muitas vezes a impasses e atitudes dramáticas.

Como poeta, minha experiência nesse campo está ligada ao problema da expressão verbal. A preocupação com o corpo está muito presente em meus poemas, desde *A luta corporal* (1954) até o *Poema sujo* (1976). Nunca me detive a pensar acerca dessa preocupação, mas acredito que, pelo menos em dois livros, ela está ligada à necessidade de contrapor a realidade material e mortal do corpo humano às falácias da falsa poesia e da metafísica. O corpo não é apenas o instrumento operatório do conhecimento e transformação do mundo, como o repositório da experiência, do tempo vivido, passado, mas que nele — no corpo — se mantém suscetível de ressurreição.

Não sei como essa problemática poético-filosófica do corpo se relaciona com as experiências que realizei na época do movimento neoconcreto, quando criei o livro-poema e os não-objetos poéticos ou poemas espaciais (1959-1961). O livro-poema nasceu da necessidade de introduzir o fator tempo na estrutura espacial dos poemas neoconcretos. Isso se traduz, de fato, na abertura do poema à ação do leitor: o gesto de passar a página do livro deixa de ser um ato qualquer, mecânico, para tornar-se elemento constitutivo do poema. Essa presença do corpo na leitura se acentua com os poemas espaciais — que já nada tendo do livro ampliam o sentido do gesto —, que solicitam a ação do leitor para realizar-se. Nessa direção, a experiência talvez mais significativa terá sido a do *Poema Enterrado* (1959-1960), que exige a participação integral do leitor como corpo: ele tem que descer uma escada, abrir uma porta, penetrar no poema e levantar uma a uma as caixas que escondem a única palavra do poema. E essa palavra — rejuvenesça — guarda uma referência direta ao corpo — nosso corpo —, sujeito a um processo biológico irreversível.

O *Poema Enterrado* é consituido de uma sala cúbica no fundo do chão, medindo 2,5x2,5x2,5 metros, à qual se tem acesso por uma escada e uma antecâmara. O "leitor-visitante" encontrará, na ante-sala, um texto com indicações de como deverá agir dentro do poema. A porta de entrada do poema deverá abrir-se automaticamente mediante a aproximação do leitor-visitante. Entrará ele então na sala, que estará totalmente escura, com exceção do ponto central, iluminado por um foco de luz. Nesse ponto, verá ele um cubo vermelho, de 40 cm de lado. Suspenderá esse cubo e deparará com outro cubo, este verde, menor, de 25 cm de lado; suspenderá também esse cubo e encontrará sob ele um cubo menor, branco, de 12 cm de lado. Ao erguer este cubo (que é compacto e não-vazado como os dois anteriores) verá que, na face que estava pousada no chão, está escrita a palavra

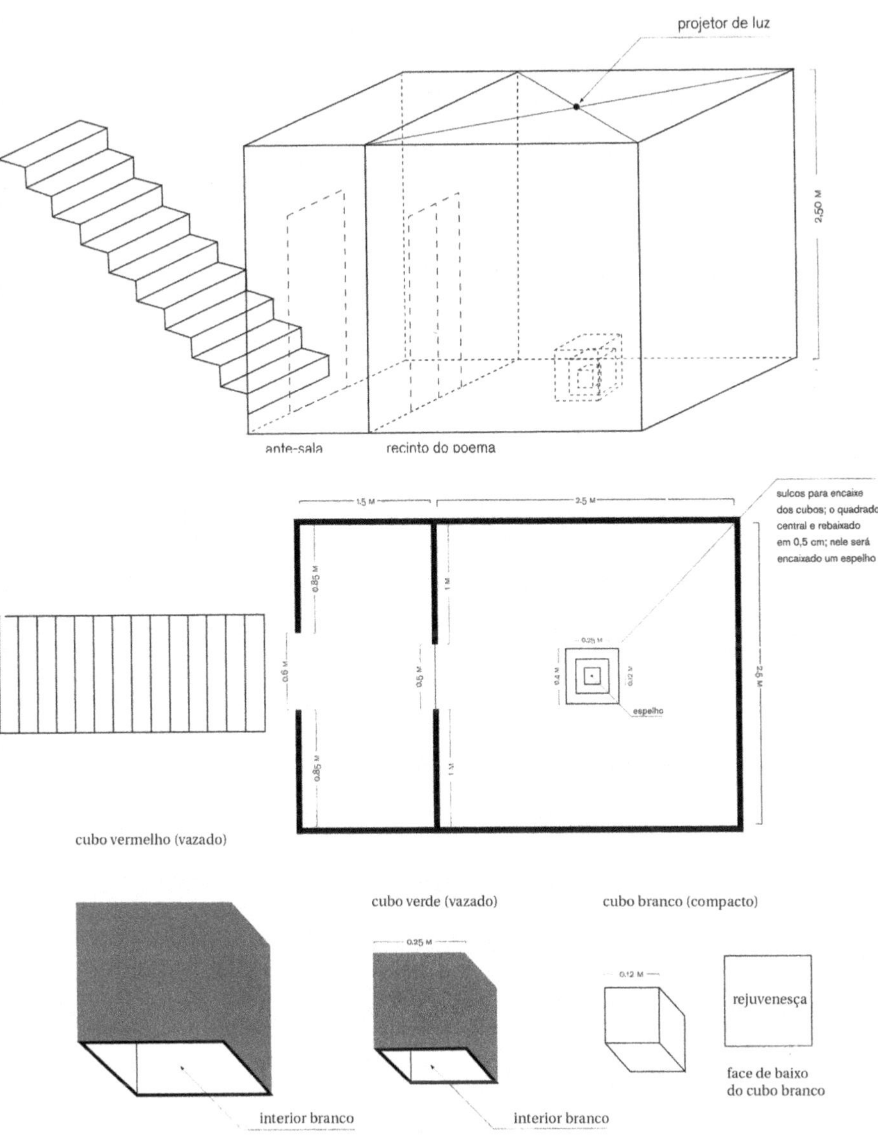

Os cubos devem ser feitos de material leve, consistente e que não empene.
As cores devem ser foscas, nunca brilhantes.

"rejuvenesça". O "leitor" iniciará então a recolocação dos cubos no mesmo local e modo como os encontrou. Findo esse trabalho, deve demorar-se observando o cubo vermelho, que já não é o mesmo, pois agora sabe o que ele oculta e guarda. Estará concluída a leitura. Para que a experiência seja plena, só vai entrar um "leitor" de cada vez. Durante todo o tempo, o "leitor" sentirá cheiro de jasmim, que impregna o ambiente. A porta da ante-sala é de correr, o que possibilita fechar o poema após o período de visitação.

Devo dizer que, ao realizar esses trabalhos, não tinha a preocupação de explorar uma suposta temática do corpo. Apenas tateava nos labirintos da expressão, em busca de formas e modos que me permitissem falar.

Depoimento inédito, realizado para o projeto "Ondas do Corpo", de Antonio Manuel.

DIVERSIDADE DE EXPERIÊNCIAS

Roberto Pontual

Dentre os aspectos mais significativos das experiências neoconcretas no campo verbal, há que conceder particular ênfase a um deles: o da sempre crescente diversidade de rumos buscados, teórica e praticamente, por cada um dos artistas ligados a tais pesquisas. Os significados imediatos e mediatos surgem claros: libertos de legislações estéticas apriorísticas, de fórmulas generalizantes impeditivas da expressão pessoal, esses artistas puderam retomar e desenvolver e, constantemente, levar às últimas consequências todas as suas concepções, descobertas e, já, conquistas. Próprias.

Da expressão pessoal não se deve inferir, às pressas, um retorno a condenáveis subjetivismos. Longe, muito longe disso. Trata-se, antes, nem mesmo de uma valorização (perigosa, decerto, conduzindo à exacerbação) das experiências particulares dos artistas referidos, mas sim da pura expressão objetiva de suas vivências. Vivências que, por mais próximas que se encontrem, de nenhum modo permitem a determinação de fórmulas e leis a serem simplesmente postas em funcionamento para a corporificação de uma qualquer obra. O problema é que, como tantos outros termos-chaves das discussões atuais, o termo subjetivo (e todos os seus correlatos) deixou de ter uma significação precisa, empregado que foi com as mais diversas conceituações. A visão neoconcreta repele o subjetivismo, entendido este como mera circulação interna de emoções e sensações que não logram, no momento em que o artista busca transformá-las em objeto de arte, uma existência plena, uma existência de obra capaz de viver fora do seu criador, viver de suas próprias e intransferíveis relações. Mas, por outro lado, o procedimento do artista neoconcreto longe está de ser mecânico, inflexivelmente racionalista, por completo matemático: não dispõe de fórmulas pré-fabricadas a ilustrar através de suas obras, já que a intenção que preside seu trablaho é a de tão-somente tornar existente, fazer funcioar este ser especial a que denominamos por convenção obra de arte, pouco lhe importando se ele se encaixa ou não em alguma fórmula anterior, por mais interessante que ela seja. Pois cada obra — pensam os artistas neoconcretos — funda sua própria fórmula e ilustra apenas a si mesma.

Eis aí o motor da diversidade e, consequentemente, riqueza das atuais pesquisas neoconcretas, seja no âmbito da expressão plástica ou no da expressão verbal. E esta diversidade tende a acentuar-se cada vez mais, à medida em que os artistas, cada qual em seu campo de ação e vivência, forem desenvolvendo suas específicas pesquisas, em busca de constante ultrapassagem de si mesmos e de suas precedentes realizações. Vale lembrar, aqui, aliás, um trecho significativo do artigo de Reynaldo Jardim, a respeito da mais recente pesquisa de Lygia Clark: "É fácil descobrir a origem da arquitetura de Lygia Clark. Não está nem em Wright nem em Le Corbusier, como a grande maioria da arquitetura ocidental... Ela é uma origem consequente e natural da sua própria obra, cujo último estágio, até então, era os não-objetos *Bichos*". Há, em tudo isso, uma preocupação visível, quase exigência: jamais estacionar, jamais permitir que uma descoberta, por mais entusiasmante, leve o artista à sua progressiva academização. A riqueza está na coragem de ir às últimas consequências de cada concepção, e, alcançadas estas (na verdade, porém, há sempre uma nova e imprevista consequência a ser atingida), não permanecer em mero e comodista cinzelamento.

Ao presente artigo interessam apenas, como já sugerido no início, as experiências da arte neoconcreta em seu âmbito verbal. Cabe um retrospecto. Definitivamente afastados do grupo concreto, Ferreira Gullar e Reynaldo Jardim passaram a desenvolver ideias e experiências progressivamente, mas contrárias às do grupo a que antes haviam pertencido. Pode-se observar, aliás, que ambos, através de suas obras, nunca estiveram integralmente ligados ao grupo do movimento concreto em poesia; coube a essas obras grande parte, talvez mesmo a maior, da responsabilidade pelo rompimento e afastamento de seus autores com referência ao grupo a que até então se encontravam, ao menos formalmente, ligados. Mais cedo ou mais tarde, por força da simples existência de tais obras, o rompimento haveria de se processar.

Já estabelecido e organizado o novo grupo, do qual participavam, igualmente, artistas plásticos, fez-se, no Museu de Arte Moderna do Rio de Janeiro, a *I Exposição Neoconcreta* (março-abril/1959). De todas as experiências, em poesia ou prosa, presentes nessa exposição, uma oferecia já certos elementos que, se observados com maior cuidado, conduziam a uma importantíssima conclusão: novo caminho, de radicais e imprevisíveis consequências, nela se mostrava pulsando em convidando à ampla reformulação de princípios. Eram os livros-poema, de Ferreira Gullar, e o próprio autor dizia, em introdução às novas pesquisas: "Chamo de livro-poema (ou poema-livro) à tentativa de usar a página (o livro) como um elemento interior ao poema... Essa participação tão íntima da página material na expressão poderia induzir o leitor a pensar que nossa intenção é transformar o poema em algo material, instranscendente, em objeto. Na verdade, segundo cremos, a palavra, com o seu peso, obriga a página a vencer o limite tátil, submerge-a na dimensão temporal da linguagem. A página é pausa, duração, silêncio. Um silêncio verbal". Retomava-se, com o livro-poema, a semente lançada sessenta anos antes por Mallarmé, no seu "Un Coup de Dés", e também, especialmente, através de suas concepções (até hoje pouquíssimo abordadas e muito menos ainda, compreendiddas) a respeito do projeto do Livro.

Do livro-poema ao não-objeto verbal, o caminho percorrido foi mínimo. Podemos mesmo dizer: não houve caminho, pois os primeiros não-objetos verbais foram livros-poemas e os livros-poemas apresentados *I Exposição Neoconcreta* já eram não-objetos verbais. De qualquer forma, o que se pretende é ressaltar a importância do livro-poema (ao lado de pesquisas nos outros setores da arte) como obra pioneira, como obra que, indo à frente de teorias anteriores ao seu surgimento, forneceu os elementos necessários ao estabelecimento de uma nova teoria que a justificasse e que permitisse o seu desenvolvimento em bases férteis e precisas: a Teoria do Não-Objeto, verbal no caso presente, do mesmo Gullar.

Não iremos, no momento, apresentar, comentar ou justificar os princípios básicos da teoria referida, mesmo porque já o fizemos em ocasiões anteriores, sempre focalizando obras características da ideia nova. Queremos apenas, retomando o nosso retrospecto, lembrar mais alguns pontos de possível interesse para a compreensão da mesma e de suas consequências imediatas.

Os primeiros não-objetos verbais foram trazidos a público através da *II Exposição Neoconcreta*, no Ministério da Educação e Cultura (novembro-dezembro/1960). Ao lado de Ferreira Gullar, vinham os de Osmar Dillon (que pouco tempo antes havia-se aproximado do grupo), o *Livro da Criação*, de Lygia Pape, e o *Livro Infinito*, de Reynaldo Jardim. Aqui, merece especial menção o fato de que, partindo todos de um núcleo central de concepções, atingiram esses artistas, através de suas obras, cada qual a sua própria estruturação expressiva, desenvolvendo rumos particulares de pesquisas e realizações.

Não se preocupam em tornar a teoria do não-objeto mais e mais presente, mas sim, tão-somente, em trazer à existência as obras que aí estão. obras que confirmam e já levam avante a teoria.

De certo, inúmeras críticas, inteligentes ou não, vieram-se acumulando contra essas novas experiências. Duas merecem discussão mais ampla. A primeira é a de que as obras em questão fogem a tudo quanto se fez, até hoje, em matéria de poesia ou prosa; e a segunda, talvez provocadora da primeira, acusa a presença de recursos plásticos ou mecânicos por completo exteriores à palavra, recursos que devem ser considerados muletas, empregados visando revitalizar significados.

Em primeiro lugar, por fugirem à convencionalidade da prática literária, os não-objetos longe estão de merecer a pecha de aberrações. Críticas como essa só podem partir dos que nem ao menos lograram acompanhar as conquistas mais elementares da poesia e da prosa em nosso século. E, infelizmente, até hoje compõem, essas pessoas, a enorme maioria dos que lidam e se dedicam à arte em seu âmbito verbal. Causa mesmo espanto, decepção e alarma verificar que, para tanta gente, para quase todos, a radical experiência de Mallarmé, as pesquisas e ideias de Apollinaire, cummings, Joyce, Pound e muitos outros permanecem totalmente vazias de significado, consideradas como meras loucuras de seus autores. Pois, se essas pessoas se dessem ao trabalho de meditar, ainda que brevemente, em torno das ditas loucuras, não teriam como fugir a uma conclusão: não é de hoje que a poesia ou a prosa se vem afastando, cada vez mais aceleradamente, da poesia e prosa trdicionais; essa história começou há mais de sessenta anos e não fornece qualquer indício de fim próximo. Muito pelo contrário.

Pouco importa que os trabalhos de Gullar, Dillon, Lygia Pape e Reynaldo Jardim não possam mais ser denominados poemas ou romance. A proibição não interfere de modo algum na expressão e transmissão perfeitas de seus significados. Aqui, no entanto, vem uma outra dúvida razoável estabelecer-se: que significados expressam e transmitem essas obras? A resposta talvez deva ser bem simples: significados não pertencentes apenas à palavra enquanto pura palavra, mas significados gerados pela palavra conduzida a seu lugar, a um lugar onde ela nasça pela primeira vez e faça germinar seu corpo verbal: significados outorgados a todos os recursos plásticos ou dinamizadores, desde que a palavra, surgindo abruptamente ou se fazendo pouco a pouco, sobre esses recursos se expande. Obras que, em conclusão, conduzem significados integrais, sintéticos, produtos de todos os elementos (verbais ou não) empregados para o seu surgimento e funcionamento. E, por não caberem mais como poemas ou romance é que receberam esses trabalhos o rótulo genérico de não-objetos verbais.

Do mesmo modo, os recursos plásticos ou mecânicos até aqui utilizados (e tendendo a um emprego cada vez mais amplo e frequente nas obras futuras) não devem causar espanto. Afinal, a única crítica que sob esse aspecto teria cabimento é a de que tais recursos se encontram gratuitamente manipulados. E isso está longe de ser verdadeiro. Visam sempre a um fim determinado, sem o qual outro seria o significado final da obra. São recursos tão válidos quanto o do uso do espaço gráfico, ou mesmo do ainda infinitamente louvado verso. Não é assim de tal modo difícil conceber o momento em que o verso, por se esgotar, teve de ceder seu império a um novo recurso; igualmente, onde a dificuldade para a versificação de que, num dado momento, também o espaço gráfico já não era suficiente para a transmissão de certos significados que, de um modo ou de outro, teriam de ser transmitidos? Como poderia Dillon, por exemplo, expressar os significados de seus não-objetos "Lua" e "Ato" empregando tão-somente os recursos do espaço gráfico, ao invés de utilizar-se de placas de vidro giratórias? Como poderia Gullar tornar existente o sentido do não-objeto "Pássaro" sem os recursos postos ali em funcionamento? E o mesmo raciocínio cabe perfeitamente no caso de todas aquelas fases do *Livro da Criação*, de Lygia Pape, ou na estruturação do *Livro Infinito*, de Reynaldo Jardim.

Mas toda essa nova visão encontra-se apenas em seus movimentos iniciais. Os equívocos são inevitáeis e até mesmo necessários: caberá às pesquisas subsequentes corrigi-los e desenvolver as atuais. O que importa é que existam pesquisas e não esmoreça a vontade de ultrapassar sempre o que já está feito e bem feito.

A compreensão virá pouco a pouco; inútil é forçá-la.

SDJB, 23 de abril de 1961

BIBLIOGRAFIA BÁSICA

ABDALLA, Antonio Carlos Suster. *O círculo de Theon Spanudis.* Salvador: Cult e Arte Editora, 2018.

AGUILERA, Yanet. *Preto no branco — a arte gráfica de Almícar de Castro.* Discurso Editorial, 2005.

AMARAL, Aracy (org). *Projeto construtivo brasileiro na arte (1950-1962).* Rio de Janeiro: MAM; São Paulo: Pinacoteca do Estado, 1977.

ARAÚJO, Ricardo. *Poesia visual — Vídeo poesia.* São Paulo: Perspectiva, 2000.

BARBOSA, Luiz Guilherme Ribeiro. "Fevereiro de 57: Notas para um ou dois poemas de Ferreira Gullar inéditos em livro". In: *Revista Brasileira*, Academia Brasileira de Letras, n. 103, Rio de Janeiro, abr.-mai.-jun. 2020.

BARBOSA, Luiz Guilherme Ribeiro. "Um texto pegando fogo: sobre um poema inédito de Ferreira Gullar". In: *Cult*, 10 set. 2020. https://revistacult.uol.com.br/home/poema-inedito-ferreira-gullar.

BRITO, Ronaldo. *Neoconcretismo — vértice e ruptura do projeto construtivo brasileiro.* São Paulo: Cosac & Naify, 1999.

CAMPOS, Augusto de. *Mallarmé.* São Paulo: Perspectiva, 2002.

CAMPOS, Augusto e Haroldo de. PIGNATARI, Décio. *Teoria da poesia concreta*. São Paulo, Brasiliense, 1975.

CAMPOS, Haroldo de. *O arco-íris branco*. Rio de Janeiro: Imago, 1997.

CAMPOS, Haroldo de. *A arte no horizonte do provável*. São Paulo: Perspectiva, 1977.

CARNEIRO, Beatriz Scigliano. *Relâmpagos com claror: Lygia Clark e Hélio Oiticica*. São Paulo: Imaginário, 2005.

CASTRO, Amílcar de. *Depoimento*. Organização de Marília Andrés Ribeiro. Circuito Atelier, Belo Horizonte, 2001.

CICERO, Antonio. "Poesia e paisagens urbanas". In: *Finalidades sem fim*. São Paulo: Cia das Letras, 2005.

COCCHIARALE, Fernando. "Sobre filmes de artista". In. *Filmes de artista. Brasil 1965-80*. Rio de Janeiro: Contracapa / Metropolis, 2007.

COHN, Sergio. *A reflexão atuante — entrevistas e ensaios interventivos*. Rio de Janeiro: Circuito, 2004.

COHN, Sergio. *O sonhador insone*. Lisboa: Oca, 2021.

COHN, Sergio, CORRÊA DOS SANTOS, Roberto, REZENDE, Renato. *SDJB — antologia facsimilar*. Rio de Janeiro: Azougue, 2016.

CORRÊA DOS SANTOS, Roberto, REZENDE, Renato. *No contemporâneo: arte e escritura expandidas*. Rio de Janeiro: Faperj/Circuito, 2011.

FRANCHETTI, Paulo. "Poesia e técnica: poesia concreta". *Revista Sibila — poesia e cultura*. 2008

GULLAR, Ferreira. *Autobiografia poética*. Rio de Janeiro: Autêntica, 2015.

GULLAR, Ferreira. *Experiência neoconcreta*. São Paulo: Cosac Naify, 2007.

GULLAR, Ferreira. *O formigueiro*. Rio de Janeiro: Europa, 1991.

JARDIM, Reynaldo. *Sangradas escrituras*. Brasília, 2008.

KAC, Eduardo. *Luz & letra –- ensaios de arte, literatura e comunicação*. Editora Contracapa, Rio de Janeiro, 2004.

LUIZ ANTONIO, Jorge. *Poesia digital: teoria, história, antologias*. São Paulo: Navegar/FAPESP, 2010.

MACHADO, Arlindo. "As linhas de força do vídeo brasileiro". In *Made in Brazil — três décadas do vídeo-brasileiro*, São Paulo: Itaú Cultural, 2003.

MACIEL, Katia, REZENDE, Renato. *Poesia e videoarte*. Rio de Janeiro: Funarte/Circuito, 2013.

MARTINS, Sergio Bruno. *Lygia Clark: uma retrospectiva*. São Paulo: Itaú Cultura, 2014.

MENEZES, Philadelpho. *A crise do passado: modernidade, vanguarda, metamodernidade*. São Paulo: Experimento, 1994.

MENEZES, Philadelpho. *Poesia concreta e visual*. São Paulo: Ática, 1998.

MENEZES, Philadelpho. *Poética e visualidade: Uma trajetória da poesia brasileira contemporânea*. São Paulo: Unicamp, 1991.

OITICICA, Hélio. *Aspiro o grande labirinto*. Org. Waly Salomão, Lygia Pape e Luciano Figueiredo. Rio de Janeiro: Rocco, 1986.

OITICICA, Hélio. *Museu é o Mundo*. Org. César Oiticica Filho. Rio de Janeiro: Azougue, 2009.

PAPE, Lygia. *Espaço Imantado*. Catálogo da exposição do mesmo nome. São Paulo: Pinacoteca do Estado, 2012.

PONTUAL, Roberto. *Roberto Pontual — obra crítica*. Organização de Izabel Pucu e Jaqueline Medeiros. Rio de Janeiro: Azougue, 2014.

REZENDE, Renato *Poesia brasileira contemporânea — crítica e política*. Rio de Janeiro: Azougue, 2014.

RISÉRIO, Antonio. *Ensaio sobre o texto poético em contexto digital*. Salvador: Fundação Cada de Jorge Amado; COPENE, 1998.

WEISSMANN, Franz. *Depoimento*. Organização de Marília Andrés Ribeiro. Circuito Atelier, Belo Horizonte, 2002.

SOBRE OS NEO CONCRETOS

AMÍLCAR DE CASTRO (1920-2002). Escultor, artista plástico e designer gráfico.

CARLOS FERNANDO FORTES DE ALMEIDA (1936-2016). Poeta, romancista e psiquiatra.

CLAUDIO MELLO E SOUZA (1935-2011). Poeta e jornalista.

FERREIRA GULLAR (1930-2015). Poeta, crítico de arte e ensaísta.

FRANZ WEISSMANN (1911-2005). Escultor.

HÉLIO OITICICA (1937-1980). Artista visual.

JOSÉ CARLOS OLIVEIRA (1934-1986). Jornalista e escritor.

JOSÉ GUILHERME MERQUIOR (1941-1991). Crítico literário e diplomata.

LYGIA CLARK (1920-1988). Artista visual.

LYGIA PAPE (1927-2004). Artista visual.

MÁRIO PEDROSA (1900-1981). Crítico de arte.

OLIVEIRA BASTOS (1933-2006). Poeta e crítico.

OSMAR DILLON (1930-2013). Poeta e artista visual.

REYNALDO JARDIM (1926-2011). Poeta e jornalista.

ROBERTO PONTUAL (1939-1994). Crítico de arte.

THEON SPANUDIS (1915-1986). Poeta e crítico de arte.